A ESPIRITUALIDADE E O SUCESSO

Editora Appris Ltda.
1.ª Edição - Copyright© 2025 do autor
Direitos de Edição Reservados à Editora Appris Ltda.

Nenhuma parte desta obra poderá ser utilizada indevidamente, sem estar de acordo com a Lei nº 9.610/98. Se incorreções forem encontradas, serão de exclusiva responsabilidade de seus organizadores. Foi realizado o Depósito Legal na Fundação Biblioteca Nacional, de acordo com as Leis nos 10.994, de 14/12/2004, e 12.192, de 14/01/2010.

Catalogação na Fonte
Elaborado por: Dayanne Leal Souza
Bibliotecária CRB 9/2162

M386e
2025

Martíns, Dam
A espiritualidade e o sucesso / Dam Martíns. – 1. ed. – Curitiba: Appris, 2025.
93 p. ; 21 cm.

ISBN 978-65-250-7268-5

1. Espiritualidade. 2. Sucesso. 3. Lei do retorno. 4. Generosidade. 5. Família. 6. Bem-sucedido. I. Martíns, Dam. II. Título.

CDD – 248.4

Appris
editorial

Editora e Livraria Appris Ltda.
Av. Manoel Ribas, 2265 – Mercês
Curitiba/PR – CEP: 80810-002
Tel. (41) 3156 - 4731
www.editoraappris.com.br

Printed in Brazil
Impresso no Brasil

Dam Martíns

A ESPIRITUALIDADE E O SUCESSO

Curitiba, PR
2025

FICHA TÉCNICA

EDITORIAL	Augusto V. de A. Coelho
	Sara C. de Andrade Coelho
COMITÊ EDITORIAL	Marli Caetano
	Andréa Barbosa Gouveia (UFPR)
	Edmeire C. Pereira (UFPR)
	Iraneide da Silva (UFC)
	Jacques de Lima Ferreira (UP)
SUPERVISORA EDITORIAL	Renata C. Lopes
PRODUÇÃO EDITORIAL	Sabrina Costa
REVISÃO	José Ramos Junior
DIAGRAMAÇÃO	Amélia Lopes
CAPA	Daniela Baum
REVISÃO DE PROVA	Sabrina Costa

SUMÁRIO

Introdução 7

A espiritualidade e o sucesso 11

O caminho do autoconhecimento e da preparação espiritual 19

A conexão espiritual — o que é? 25

A importância da preparação espiritual para o sucesso 31

O caminho da generosidade como fundamento para a vida 37

A contribuição e o papel do sucesso na sociedade 44

Gestão do tempo e relacionamentos 50

Aprendendo com o fracasso 58

Bens materiais e espiritualidade 65

A ciência e a espiritualidade 70

Tenha um objetivo 75

Família: nosso maior bem 80

Conclusão: o que é ser verdadeiramente bem-sucedido 87

INTRODUÇÃO

Cada capítulo deste livro é um convite para reavaliar nossas crenças e valores, uma oportunidade de refletir sobre a importância de se comprometer com algo maior do que nós mesmos. Discutiremos como o sucesso não é um objetivo isolado, mas uma jornada coletiva que abrange a nossa responsabilidade social. Começaremos a nos preparar para agir e sermos presentes nas nossas comunidades, enfatizando que nossas ações podem fazer a diferença.

Em nosso caminho, também abordaremos a arte da gestão do tempo e como a priorização dos nossos relacionamentos é fundamental para que possamos colher as recompensas de nosso sucesso. Vamos compreender que as verdadeiras vitórias na vida não se medem apenas pelos bens materiais, mas pelas relações que construímos e pela qualidade dos momentos que compartilhamos com as pessoas que amamos.

Vamos também olhar para os desafios da vida, tais como o fracasso, não como um inimigo, mas como um professor valioso. Cada história de resiliência nos mostrará que a jornada do sucesso é permeada por altos e baixos, e cada tropeço pode ser uma oportunidade para crescermos e nos tornarmos mais fortes, mais inteiros.

Ao longo desta leitura, transcenderemos a mera discussão sobre bens materiais. Refletiremos sobre como é possível equilibrar os desejos humanos por posses enquanto mantemos a nossa integridade espiritual. A intenção é reconectar o que muitos veem como mundos distintos: espiritualidade e sucesso.

Por fim, ao atingirmos a conclusão desta jornada, vamos refletir sobre o verdadeiro significado de ser bem-sucedido. O amor, os relacionamentos, as experiências compartilhadas e as memórias preciosas que acumulamos formam a verdadeira medida do que somos. É um fechamento que inspira e motiva, um chamado à ação para que cada um de nós embarque em sua própria jornada espiritual, buscando um sucesso pleno que abrace a vida em todas as suas formas.

Neste livro, minha esperança e aspiração são que você possa encontrar não apenas conhecimento, mas transformação, conexão e, acima de tudo, a sua verdade. Prepare-se para recomeçar a sua viagem por caminhos novos e acolhedores que vão mais além. Juntos, faremos dessa vivência um momento inesquecível na busca pela verdadeira realização.

"Sem o poder do evangelho, somos apenas um vazio e não experimentamos a verdadeira transformação de vida"

A ESPIRITUALIDADE E O SUCESSO

Quando falamos em sucesso, geralmente associamos essa ideia a conquistas materiais, a bens que podem ser exibidos, ao status social alcançado e à segurança financeira. No entanto, convido você a refletir sobre outra perspectiva: o que significa realmente sucesso sob um ponto de vista espiritual? Definir essa palavra mágica vai muito além das aparências; está inextricavelmente ligada à inteireza do ser humano, ao sentido da vida e à conexão com algo maior, algo que transcende os limites materiais.

O verdadeiro sucesso não se mede por um extrato bancário ou por prêmios em estantes; ele se revela na paz interior, na felicidade verdadeira e nas relações significativas que cultivamos. Enquanto o sucesso material pode proporcionar conforto e segurança, ele também pode criar uma armadilha de incessante comparação e insatisfação. Imagine a vida de alguém que ganhou tudo que desejou, mas, ao olhar para o espelho, só vê um reflexo vazio. Mesmo que as conquistas sejam impressionantes, na ausência de uma conexão espiritual, a vida pode parecer uma jornada sem propósito.

Ao explorarmos a importância de uma vida plena e significativa, percebemos que essa serenidade interior alimenta nossas experiências e nos ajuda a superar adversidades. Essa conexão espiritual é crucial, pois permite que enxerguemos além das dificuldades cotidianas e nos transporta a uma compreensão mais profunda de nós mesmos e do nosso papel no mundo. Na verdade, alcançar uma vida satisfatória requer coragem para nos conhecermos verdadeiramente e para buscarmos a essência do que o sucesso representa em nossos corações. Portanto, ao contemplar as grandes metas e aspirações, é vital não perdermos de vista os aspectos espirituais que realmente alimentam nossa alma.

A conexão espiritual, sustentada pelo amor, pela compaixão e pela prática de valores como a gratidão e a generosidade, é fundamental para equilibrar nossas ações e decisões. Assim, quando começarmos nossa jornada em busca do sucesso, precisamos sempre nos lembrar disto: o que está em jogo não é apenas o que conseguimos acumular, mas também o que realmente nos torna humanos e nos aproxima uns dos outros. Essa é a chave que nos dará acesso a um verdadeiro sentido de realização e à transformação que tanto almejamos.

O vazio existencial é, sem dúvida, uma realidade que muitos enfrentam, especialmente aqueles que alcançaram o chamado "sucesso" material, mas que, ao mesmo tempo, observam uma lacuna imensurável em suas vidas. São relatos, muitas vezes tristes, de pessoas que conquistaram tudo que o mundo considera importante: um carro dos sonhos, uma casa luxuosa, viagens aos destinos mais exóticos, um saldo bancário que lhes dá conforto e segurança financeira. No entanto, ao olharem ao seu redor ou mesmo para dentro de si, sentem um ressoar profundo de insatisfação. O que está faltando? O que pode preencher esse vazio que se mostra intransigente e que nem mesmo o mais suntuoso dos bens materiais pode suavizar?

Essa reflexão nos leva a questionar o que realmente importa nesse curto e precioso espaço que temos chamado vida. A que legado estamos dedicando nossas obrigações diárias? Um exemplo pode ser encontrado na história de um magnata famoso que, apesar de ganhar milhões, nunca se sentiu verdadeiramente realizado. Em momentos de introspecção, ele se questionava: "onde estão meus filhos?, onde está minha família?, por que brigam por herança, por dinheiro, em muitas vezes consumidos por drogas, preferem a minha distância". O que realmente aconteceu na vida desse magnata? Ou o exemplo daquela família mais simples, humilde, que o pai trabalhou duro a vida toda, mas sem conquistas materiais significativas, e durante o Natal daquele ano, toda sua família reunida, distribuindo presentes, filhos, netos, amigos, casa cheia, e não somente nesse dia de festa, mas durante o ano todo, tendo o cuidado dos filhos e o amor dos netos, a quem podemos dizer que chegou no auge da vida e é bem-sucedido? Será esse o verdadeiro sucesso?

Essas questões, muitas vezes, não são ponderadas nas corridas do cotidiano. O peso do "ter" nos compromete a tal ponto que esquecemos o significado de "ser". Essas primeiras reflexões são um chamado à ação para que o leitor se detenha e considere suas próprias motivações: "o que me move de fato?". Cada ser humano dentro de si tem um propósito a cumprir, uma essência que, se ignorada, pode levá-lo a uma existência sem significado.

Mas como podemos evitar essa armadilha de frustração e superficialidade? O primeiro passo é aceitar que a preparação espiritual é tão crucial quanto qualquer outro tipo de preparação na vida. Sentir-se bem consigo mesmo, cultivar uma autoestima saudável, estabelecer uma paz interior são fatores fundamentais para um sucesso autêntico. A espiritualidade, muitas vezes relegada a um canto escuro, pode e deve desempenhar um papel ativo em nosso caminho em direção a um sucesso verdadeiro.

Assim, unida à ação de garantir nossa felicidade pessoal, podemos olhar para fora e perceber que parte do que buscamos na vida espiritual é também contribuir para o bem-estar do próximo. A verdadeira grandeza está em reconhecer que o sucesso não se mede pelo que acumulamos, mas pelas vidas que tocamos e impactamos positivamente ao longo do caminho. Saltar para esse espaço de amor e ajuda ao próximo é, em si, um passo em direção ao verdadeiro sucesso. É o reconhecimento de que somos parte de um todo maior, mantendo viva a chama do altruísmo.

Portanto, convido você a, por um instante, desviar o olhar das metas materiais e refletir sobre seu propósito. Quais são as sementes que você quer plantar nesta vida? O que fará com que seus olhos brilhem novamente? É nesse espaço de autoconhecimento e sinceridade que poderemos não apenas encontrar significado, mas, mais importante, contribuir para um mundo que reconhece a importância do amor e da conexão em cada jornada humana.

Iniciando a discussão sobre a necessidade de preparação espiritual, é essencial compreender que o sucesso genuíno não se resume apenas à acumulação de bens ou à ocupação de um status elevado. Para realmente prosperar em nossas jornadas, precisamos abordar nosso ser interior, nutrindo nossas almas e cultivando a espiritualidade como um elemento central em nossa vida.

Para muitos, a vida moderna apresenta uma corrida incessante pela realização de metas materiais, frequentemente ofuscando a importância do autoconhecimento e do crescimento espiritual. A preparação espiritual revela-se igualmente crucial quanto a qualquer outra forma de preparação que fazemos na vida. É por meio do cultivo de uma mentalidade positiva, da autoestima e da paz interior que ampliamos nossa capacidade de sucesso e realização.

É importante lembrar que a espiritualidade não é uma solução mágica, mas uma prática diária que exige dedicação e atenção. A natureza espiritual se entrelaça intimamente com a capacidade do ser humano de se conectar com os outros. Reconhecer a importância das relações, seja com amigos, familiares ou pessoas próximas, nos ajuda a compreender que o verdadeiro sucesso se dá quando nos permitimos ser instrumentos de amor e compaixão na vida do próximo.

Essa conexão não só nos alimenta, mas também nos impulsiona a ajudar aqueles ao nosso redor. Iniciar uma jornada de autoajuda e de cuidado espiritual nos torna, por conseguinte, mais empáticos e generosos. A verdadeira grandeza se reflete na capacidade de inspirar e elevar a vida das pessoas que cruzam nosso caminho.

Agora, ao se preparar espiritual e emocionalmente, você estará mais apto a lidar com os desafios que a vida lhe apresenta. Ao cultivar esse espaço de serenidade e priorizar o bem-estar emocional, as oportunidades se tornarão mais claras e reconhecíveis. Transforme sua percepção e sua preparação e veja como o universo começa a conspirar a seu favor.

É essencial sempre trazer essa atenção ao que realmente importa: o que nos torna humanos. Cada pequeno ato de bondade, cada momento de reflexão e cada passo em direção ao autoconhecimento são partes essenciais na construção de uma vida rica em propósito e significado. Portanto, convide suas paixões e seus sonhos para dançar ao seu lado nesse caminho repleto de possibilidades. O sucesso verdadeiro brota dessa união entre o material e o espiritual, recolhendo os frutos de um terreno bem-preparado e cultivado com carinho.

O verdadeiro sucesso na vida está entrelaçado com a capacidade de amar e ajudar o próximo. Esse conceito, além de profundo, é muitas vezes negligenciado nas discussões do dia a dia sobre o que significa realmente ser bem-sucedido. Enquanto alguns avaliam o sucesso por meio de bens materiais e status social, convido você a olhar para o mundo por meio de uma lente mais gentil e compassiva.

Imagine por um momento uma sociedade em que a essência vibrante do amor é o motor de nossas ações. Essa ideia não é apenas um sonho utópico; é uma possibilidade que cada um de nós pode cultivar. Quando ajudamos o próximo, abrimos as portas para um sucesso que transcende o individual. É a conexão que estabelecemos com os outros que, no final das contas, se torna uma extensão da nossa própria realização.

A empatia, essa habilidade tão fundamental, não começa do nada. Para exercitá-la, precisamos desenvolver uma consciência mais aguçada dos sentimentos e das necessidades que nos cercam. Pense em seus relacionamentos: quantas vezes você se permitiu ouvir alguém

A ESPIRITUALIDADE E O SUCESSO

com atenção verdadeira, sem pressa ou distrações? Essa troca gera um fortalecimento de laços, que não apenas vêm a enriquecer suas experiências, mas também multiplicam o impacto positivo que você pode ter na vida daqueles ao seu redor.

A compaixão e a generosidade são sementes que, quando plantadas, criam um solo fértil para que surjam belos frutos. Há algo transformador em oferecer tempo, atenção ou mesmo um sorriso verdadeiro para alguém que está passando por dificuldades. É como se, com cada gesto de bondade, você estivesse ampliando seu entendimento do que é verdadeiramente valioso: as relações humanas e o amor que as fundamenta.

Muitas vezes, a verdadeira grandeza se manifesta na humildade de servir. Pense em figuras históricas que tiveram suas vidas voltadas para o bem maior, como Mahatma Gandhi ou Madre Teresa. Eles nos mostram que servir não é um ato inferior; pelo contrário, é um legado de amor e coragem. Ao renunciarmos as nossas necessidades, mesmo que por um momento, e nos concentrarmos na importância do outro, encontramos não apenas um propósito, mas a fortuna que vai além do material.

Portanto, torna-se essencial fazer uma pausa e refletir: como você pode contribuir para a comunidade que o rodeia? Que passos pode dar para garantir que suas ações sejam com o amor e a empatia? Esses momentos de introspecção não apenas nos conectam em um nível mais profundo, mas também nos lembram que somos parte de um todo e que, ao cuidarmos uns dos outros, nos elevamos juntos.

Seja voluntário em uma instituição, ofereça ajuda a um amigo ou simplesmente esteja presente. Lembre-se, o caminho do sucesso verdadeiro não é solitário; é uma jornada de coletividade e cuidado mútuo. Ao ajudar o próximo, você descobre que o sucesso também é o que geramos na vida dos outros, um canal em que o amor flui e contamina positivamente o mundo ao nosso redor.

Assim, convido você a abraçar a missão de ajudar o próximo. Este é o seu momento de brilhar não apenas como indivíduo, mas como parte de um momento significativo e profundamente gratificante.

O CAMINHO DO AUTOCONHECIMENTO E DA PREPARAÇÃO ESPIRITUAL

A necessidade do autoconhecimento

Em um mundo tão agitado e pautado por aparências, o autoconhecimento é um dos pilares fundamentais para a busca espiritual. Nas trajetórias que percorremos, nos deparamos com a superficialidade muitas vezes disfarçada de progresso. A sociedade frequentemente estimula uma corrida frenética por status e bens materiais, subestimando a importância de conhecermos quem realmente somos. Assim, a introspecção se torna um convite para a reflexão e uma necessidade vital em nossa busca por significado.

Desde os tempos antigos, pensadores como Sócrates já pregavam: "Conhece-te a ti mesmo". Essa sabedoria transcendente ainda ressoa com força nos dias de hoje. Portanto, por que temos tanta resistência em nos aprofundar em nosso âmago e nos perguntar: "Quem sou eu realmente?". Nesse cotidiano que prioriza a velocidade e a superficialidade, a verdadeira profundidade parece um desafio distante, quase inatingível.

Historicamente, figuras como Gandhi mostraram ao mundo que o autoconhecimento e o compromisso com a verdade interior podem conduzir a transformações extraordinárias. A vida de Gandhi não foi apenas marcada pela sua luta pela liberdade, mas por sua incessante jornada de entendimento próprio. Ele sabia que os verdadeiros poderes começam no íntimo de cada ser. Ao se desvincular das expectativas, Gandhi encontrou um propósito que se alinha com sua essência. Da mesma forma, é nosso desejo reconhecer e honrar essa busca interior.

Os instrumentos para a preparação espiritual começam a se revelar como ferramentas indispensáveis na jornada de autoconhecimento e evolução pessoal. Nesse mundo acelerado, é fácil nos perdermos em meio às exigências diárias e ao turbilhão de informações que nos cercam. Por isso, integrar práticas espirituais em nossa rotina é uma necessidade para alcançarmos um equilíbrio emocional e mental.

Cultivar a gratidão é outra prática que tem o poder de transformar nossa visão de mundo. O simples ato de, ao final do dia, listar três coisas pelas quais somos gratos pode mudar radicalmente nossa perspectiva. Em vez de focarmos nas dificuldades e limitações, passamos a nos conectar com o que é positivo e enriquecedor em nossas vidas. Isso melhora nosso bem-estar emocional, além de criar um espaço interno de abundância, no qual podemos florescer e expandir nossa visão sobre o sucesso.

Cada pequeno passo que damos em direção à espiritualidade traz à tona a importância de criar um espaço que favoreça nosso autoconhecimento. Para isso, é vital selecionar com cuidado os ambientes e as experiências que consumimos. O que assistimos, lemos e ouvimos molda nossas crenças e visões de mundo. Assim, ao escolher conscientemente os conteúdos que alimentam nossa mente, estamos, na verdade, preparando o nosso solo para que as sementes possam germinar e florescer.

Ainda, reforço que esses instrumentos não servem apenas para a prática individual, eles também criam uma sinergia poderosa quando compartilhados. Ao discutirmos nossas práticas com amigos ou familiares, além de fortalecer nossos vínculos, podemos inspirar os outros a embarcarem em suas próprias jornadas espirituais. Quando um grupo de pessoas se dedica ao autoconhecimento e à preparação espiritual, o impacto positivo se espalha, amplificando os efeitos dessas práticas.

Superar barreiras internas é um desafio fundamental na trajetória de autoconhecimento e crescimento espiritual. Com frequência, somos confrontados por medos e crenças limitantes que vão se acumulando e nos impedindo de avançar. Esses obstáculos muitas vezes surgem da própria falta de autoconhecimento. É como se criássemos muros invisíveis que dificultam nosso caminho em direção ao verdadeiro potencial.

Essas barreiras internas podem se manifestar de diversas formas, desde a procrastinação e a autocrítica até o medo do fracasso e a insegurança em relação aos nossos talentos. Para muitos, a ideia de se aprofundar em questões emocionais e espirituais pode ser intimidante. É como mergulhar em águas desconhecidas e nos deparamos com o próprio reflexo, nem sempre estamos prontos para enfrentá-lo. Externalizar esses sentimentos muitas vezes traz à tona a resistência que sentimos em confrontar a dor ou as inseguranças que temos guardadas.

No entanto, como o sábio Lao Tsé disse: "A jornada de mil milhas começa com um único passo". Esse passo pode ser um simples ato de olhar para dentro de si. Ao aceitar que há inquietações dentro de nós, damos início a um processo de reconhecimento e, consequentemente, de transformação. É um primeiro movimento em direção à coragem.

Conectar a espiritualidade com o cotidiano é um convite a integrar práticas significativas em nossas ações diárias, transformando cada ato em um testemunho de amor e atenção plena. Muitas vezes, na correria diária, esquecemos que até mesmo as pequenas coisas podem servir como um canal para expressar nossa conexão espiritual. O simples ato de fazer um café pela manhã pode se tornar um momento sagrado, se feito com intenção. Imagine o ritual: preparar os grãos com carinho, sentir o aroma que se espalha pelo ambiente e apreciar cada gole, como se estivesse saboreando a própria vida.

Ao cultivar essa consciência, começamos a perceber que qualquer atividade — seja lavar a louça, caminhar no parque ou ajudar um estranho — pode se tornar um ato de amor e bondade. Um sorriso trocado aqui, um gesto gentil ali, tudo se transforma em um reflexo da nossa disposição para compartilhar o bem que carregamos. Cada interação se torna uma oportunidade de tocar a vida de outros ao nosso redor, em um eterno ciclo de amor e gratidão.

As relações interpessoais, por sua vez, são o cenário perfeito no qual a espiritualidade se manifesta. Conectar-se profundamente com amigos, familiares e até mesmo colegas de trabalho pode gerar laços que nutrem tanto nossa alma quanto a dos outros. Ao expressar interesse verdadeiro pelo bem-estar do outro, estamos fortalecendo vínculos e praticando uma forma elevada de espiritualidade. Perguntar como o amigo está se sentindo e ouvir atentamente, sem pressa, cria um espaço seguro em que as pessoas podem se abrir e ser verdadeiramente elas mesmas.

Além disso, os desafios que surgem no cotidiano devem ser encarados como oportunidades de crescimento. Quando nos deparamos com situações difíceis, é essencial lembrar que essas experiências trazem lições valiosas. Praticar a espiritualidade nos ajuda a abordar as dificuldades com uma nova perspectiva. Em vez de sentir-se sobrecarregado, é possível olhar para os obstáculos como parte do nosso aprendizado. Ao mudar a narrativa interna e abraçar a ideia de que cada desafio tem um propósito, podemos transformar essas situações angustiantes em etapas enriquecedoras da nossa jornada.

Em suma, a conexão entre a espiritualidade e o cotidiano não reside apenas em grandes gestos ou alvoradas místicas; ela está nas pequenas decisões que tomamos a cada dia. É um compromisso contínuo de estar presente, de escolher a gentileza e de nutrir as relações. Ao fazermos isso, podemos integrar a espiritualidade em cada aspecto da nossa vida; assim, buscamos o sucesso e criamos um legado de amor e compaixão que atravessa o tempo e impacta o mundo ao nosso redor.

Portanto, minha pergunta para você, é: como você pode começar a integrar esses pequenos atos de espiritualidade em sua rotina diária? Estou seguro de que cada esforço fará uma diferença significativa, não apenas em sua vida, mas na vida de todos ao seu redor. Cada passo dado nessa direção é uma expansão da sua consciência e um convite para que outros também se juntem a você nessa jornada.

A CONEXÃO ESPIRITUAL — O QUE É?

A conexão espiritual é uma experiência íntima e profunda que se revela à medida que nos disponibilizamos para entender quem somos e qual é o nosso propósito. É a ponte que liga nossa essência ao universo, nos proporcionando um sentido de harmonia que, muitas vezes, se perde na rotina do cotidiano. Neste capítulo, vamos explorar a natureza dessa conexão e as formas de cultivá-la, transformando a nossa vida em uma jornada cada vez mais significativa.

Entender o que é a conexão espiritual é, em certo sentido, um convite à introspecção. É aquela sensação de estar em unidade com algo maior, seja a natureza, uma força divina ou mesmo a consciência coletiva que permeia todas as coisas. A conexão espiritual não é exclusiva de crenças religiosas, mas sim uma experiência humana universal que pode se manifestar de várias maneiras, desde momentos de pura alegria até os de profunda tristeza. Por meio dessa conexão, somos lembrados de que somos parte de um todo maior e que cada ação que tomamos reverbera nesse universo.

Assim, à medida que avançamos, lembre-se de que cada um de nós é uma peça fundamental do grande quebra-cabeça da vida. A força dessa conexão espiritual não só transforma o seu interior, mas também ecoa por onde você passa, inspirando outros a buscarem o mesmo. A verdadeira magia reside no ato de se permitir sentir, viver e se conectar. Você está pronto para iniciar essa jornada?

A busca incessante por bens materiais é uma das principais armadilhas nas quais muitos se veem iludidos em sua jornada espiritual. O desejo por posses pode facilmente consumir nossa atenção e energia, distanciando a conexão com o que realmente importa. É esse desprezo pela conexão espiritual que transforma a busca por sucesso em um círculo vicioso, em que a satisfação nunca é plenamente alcançada. Ao nos tornarmos obcecados por aquilo que temos ou pelo que podemos adquirir, corremos o risco de nos perder na superficialidade. Para quem já percorreu esse caminho, a sensação de vazio é familiar; mesmo cercados de bens, a profundidade da felicidade permanece inalcançável.

Histórias de pessoas que vivenciaram essa luta são reveladoras. Considere, por exemplo, João, um empresário bem-sucedido que estava sempre cercado por luxos. Em diversas ocasiões, ele conquistou prêmios e reconhecimento, mas a cada conquista, a sensação de incompletude se tornava mais intensa. Ao conversar com um amigo de longa data, este o convidou a refletir: "Você está vivendo ou apenas sobrevivendo dentro de sua própria aparência de sucesso?". Essa pergunta despertou João. Ele percebeu que tantos dos seus dias eram passados em um modo automático, medindo progresso por números no banco e não por experiências duradouras de alegria e conexão. Com essa mudança de perspectiva, ele decidiu voltar a sua essência e reencontrar seu propósito.

Encontrar um equilíbrio saudável entre o material e o espiritual não é uma missão simples, mas é vital para a nossa realização. Reflexionar sobre as prioridades que estabelecemos é o primeiro passo. O que realmente faz seu coração pulsar de alegria? O que você valorizaria mais ao final da sua vida: uma conta bancária cheia ou relações profundas e significativas? Ao se deparar com essas perguntas, você poderá notar áreas em sua vida que merecem atenção.

Portanto, ao caminharmos na jornada do autoconhecimento e do equilíbrio, não podemos nos esquecer de nutrir nossa conexão espiritual em um mundo que muitas vezes se esquece da profundidade dessas relações. Você está onde seu coração deve estar? Está valorizando o que realmente importa? Essas reflexões podem guiar sua vida a um lugar de autenticidade e alegria em que o que é material e o que é espiritual coexistem harmoniosamente.

Sucesso, esse termo ressoa de maneiras diferentes para cada um de nós. Para muitos, é sinônimo de reconhecimento, status e bens materiais, enquanto para outros pode ser uma expressão de realização pessoal e contribuição ao bem comum. No entanto, à medida que entramos no universo do verdadeiro sucesso, percebemos que esse conceito é muito mais profundo e começa por um princípio fundamental: a generosidade.

É vital compreender que o sucesso não é apenas um caminho solitário, mas uma jornada compartilhada, em que cada conquista pessoal pode ter um impacto positivo na vida de outros. Generosidade não é um mero ato de caridade; é uma filosofia de vida que transforma tanto a quem recebe, mas, principalmente, quem dá.

E o que dizer de cada um de nós? Temos a capacidade única de transformar nossas habilidades e talentos em ferramentas de ajuda ao próximo. Ao unir esforços com outros, como grupos comunitários ou projetos sociais, podemos criar um legado que transcende nossa individualidade. Que tipo de legado você gostaria de deixar? Essa é uma reflexão essencial que cada um de nós deve considerar, à medida que seguimos nosso caminho.

Este capítulo não se propõe apenas a discutir o conceito de generosidade, mas convida o leitor a estabelecer conexões significativas com aqueles ao seu redor. Não é sobre a quantidade que damos, mas sobre a qualidade e a intenção por trás desses gestos. Práticas como o voluntariado ou até mesmo pequenas ações de bondade são maneiras eficazes de nutrir nossa conexão espiritual e trazer mais significado às nossas vidas.

Ao mesmo tempo, incentivamos a participação em ações sociais que toquem profundamente suas paixões e valores pessoais. Existem inúmeras maneiras de se envolver — desde um trabalho em uma instituição de caridade até o apoio a entidades que você acredita fazer a diferença. À medida que essas experiências se entrelaçam com suas aspirações pessoais de sucesso, você perceberá que a generosidade não apenas alimenta o bem-estar dos outros, mas também nutre o seu próprio.

Agora, pare um momento e faça uma breve reflexão: quais ações você poderia tomar hoje para começar a construir um legado de generosidade e impacto? Que sementes de bondade você pode plantar ao seu redor? A resposta a essa pergunta pode ser o primeiro passo de uma jornada transformadora que moldará seu futuro e o daqueles que se cruzarem em seu caminho.

A construção de relações verdadeiras e duradouras é um aspecto fundamental em qualquer jornada em busca do verdadeiro sucesso. No íntimo, todos desejamos conectar-se de forma profunda e genuína com aqueles que nos cercam. Relacionamentos não são apenas um fruto da convivência, mas também uma base robusta que sustenta nosso crescimento pessoal e espiritual. Cada acúmulo de experiências e memórias molda não só quem somos, mas também o que conseguimos realizar.

Podemos até fazer uma pausa e refletir sobre a importância das relações em nossa vida. Lembre-se de um momento em que você se sentiu plenamente ouvido e compreendido. Esse instante não foi mágico? Aquela conversa, com um amigo ou familiar, em que você pôde compartilhar dúvidas, angústias ou até mesmo alegrias, funciona como um antídoto contra a solidão e estimula nossa força interior. O apoio ao outro, bem como a troca de experiências, intensifica a energia que leva à realização pessoal.

Talvez um dos primeiros passos para cultivar relações significativas seja desenvolver a empatia. A capacidade de conseguir colocar-nos no lugar do outro é transformadora. Um exemplo simples pode fazer toda a diferença: em vez de apenas ouvir a reclamação de um colega de trabalho, que tal fazer um esforço e perguntar como ele se sente verdadeiramente? Muitos de nós, ao praticar a escuta atenta, percebemos a grande diferença que isso pode fazer na vida da outra pessoa. Imagina só o impacto positivo ao expressar interesse real e disposição para ajudar.

Outra maneira de fortalecer laços é a prática ativa da compaixão. Demonstrar empatia é um excelente começo, mas é apenas o primeiro passo. Quando olhamos para o próximo com bondade e desejamos verdadeiramente ajudar, criamos uma ponte que nos conecta de maneira duradoura e rica. Esse ato de estender a mão para alguém em necessidade não só enriquece a vida da outra pessoa, mas também alimenta a nossa própria jornada espiritual e emocional.

Nesse contexto, vamos falar sobre a importância de escolher cuidadosamente as pessoas que colocamos em nosso círculo íntimo. No entanto, essa escolha não significa afastar-se de quem não pensamos ser "suficiente". É, sim, um convite à construção de novas relações que transcendam a superficialidade, mas que enriqueçam nosso espírito, que nos inspire a ir além. Às vezes, isso pode significar dar um passo em direção a grupos em que se compartilham sonhos e valores semelhantes. Ao nos cercar de pessoas que alimentam nossas aspirações, fazemos com que nossa energia flua e ressoe.

Finalmente, é essencial lembrar que as relações também precisam ser cuidadas. Um parceiro ou amigo, por exemplo, pode exigir atenção e cuidado. Isso é um investimento verdadeiro em algo que levaremos ao longo da vida. Um ato simples de surpresa, como uma mensagem carinhosa ou um convite a um café, pode reforçar esses laços. Às vezes, os gestos que parecem pequenos são, na verdade, fundamentais para a saúde de uma amizade. O segredo é sempre estar presente, ativamente envolvido, e não esperar a atitude do outro.

A IMPORTÂNCIA DA PREPARAÇÃO ESPIRITUAL PARA O SUCESSO

A preparação espiritual é um aspecto frequentemente negligenciado em nossa busca pelo sucesso. Contudo, entender a fundo o que implica essa preparação é essencial para alcançar metas materiais e um estado de realização pleno e autêntico. A preparação espiritual consiste em alinhar nossas ações e escolhas a um propósito maior, que transcende a busca por bens superficiais. É um convite à introspecção e ao autoconhecimento, em que cada passo para o sucesso se torna um reflexo de quem realmente somos.

Quando falamos em alinhamento espiritual, nos referimos a um estado de harmonia entre nossos valores, crenças e objetivos. Esse alinhamento não é meramente uma questão de crença, mas envolve a compreensão profunda de nosso eu interior e do que queremos tirar da vida. Para isso, é fundamental cultivar a reflexão pessoal. Parar, respirar e pensar criticamente sobre nossas metas e as razões por trás delas nos ajuda a identificar aquilo que realmente recruta nossa alma.

Quando estamos atentos a nossos valores e nos permitimos reajustar nossas direções de acordo com eles, podemos tomar decisões que, embora possam parecer desafiadoras, nos levam a um lugar de grande satisfação e realização. Assim, a preparação espiritual se transforma no alicerce de cada um dos nossos passos em direção ao sucesso, nos permitindo agir com clareza e intencionalidade.

Praticamente, isso pode ser alcançado por meio de formas variadas de autoanálise e prática espiritual. Um exercício simples, mas poderoso, é encontrar tempo para se sentar em silêncio, desconectado do mundo exterior, e contemplar a sua vida. Pergunte-se: o que realmente sustenta meu propósito aqui? O que desejo deixar como legado? Essas perguntas, embora possam parecer profundas, são necessárias para colocar nossa vida em perspectiva e reorientar nossa trajetória se necessário.

A conexão com a essência de nossa alma é uma jornada pessoal, muitas vezes marcada por experiências transformadoras que nos redefinem. Não são apenas relatos de sucesso, mas sim histórias de superação, vulnerabilidade e um desejo profundo de se reconectar com algo mais verdadeiro dentro de nós.

Um dos aspectos que muitas vezes pode assustar as pessoas ao se conectar com sua essência é o medo do desconhecido. Isso é compreensível. Abrir-se para a essência implica aceitar a vulnerabilidade, admitir que não temos todas as respostas. Porém, esse é também o caminho mais libertador; cada insegurança enfrentada traz consigo um foco renovado.

Vamos usar a Lei do Retorno para ilustrar ainda mais esse conceito. Essa lei que rege o universo afirma que tudo o que emitimos, seja bom ou ruim, retorna a nós de alguma forma. Assim, o que você colhe é igualmente verdadeiro.

Construir relacionamentos saudáveis é uma das mais importantes realizações, pois essas conexões moldam a experiência humana de maneiras profundas e significativas. Em uma sociedade em que pressões individuais muitas vezes nos isolam, cultivar sentimentos de amor e compaixão pode se tornar nosso alicerce para o sucesso verdadeiro. O impacto que essas relações têm em nossa vida e na busca espiritual fornece um mapa claro de como devemos conduzir nosso caminho.

O amor e a compaixão não são apenas sentimentos, mas práticas intencionais que temos a capacidade de implementar em cada interação. Elas têm o poder de elevar não somente quem as recebe, mas também quem as oferece. Relacionamentos nutridos por amor são permeados de confiança, respeito e compreensão profunda. Quando somos capazes de nos conectar com os outros em um nível mais profundo, criamos não apenas laços sociais, mas uma rede de apoio que nos fortalece nas adversidades do dia a dia.

Além do amor, a compaixão é um espaço onde podemos encontrar luz em meio à escuridão. Pode parecer um conceito vago, mas quem já experimentou atos verdadeiros de bondade pode atestar seu poder transformador. A prática de ser gentil gera um efeito cascata positivo, impactando aqueles à nossa volta e criando um ciclo de energia que retorna para nós. Quando nos dedicamos a ajudar os outros, estamos, na verdade, alimentando nosso próprio crescimento espiritual.

Na vida, a superação de conflitos é um aspecto fundamental que pode ser abordado pela sabedoria espiritual. Muitas vezes, temos desavenças com pessoas que amamos e respeitamos. Ter uma visão baseada no amor pode transformar a maneira como lidamos com esses momentos. Em vez de reações impulsivas e defensivas, podemos optar por uma abordagem mais compassiva, tentando entender a perspectiva do outro. Essa habilidade não só promete um ambiente mais harmonioso, mas também nos enriquece com aprendizados valiosos.

A verdade é que as relações humanas são elementos-chave em nossa busca espiritual e de sucesso. Nutri-las com amor, compaixão e autenticidade não apenas melhora nossas interações diárias, mas também nos prepara plenamente para alcançar nossos maiores objetivos. Ao construirmos laços verdadeiros, estaremos mais equipados para enfrentar os desafios da vida e a jornada do autoconhecimento. Então, olhe ao seu redor: que relações você pode fortalecer? Que ações de amor e compaixão você pode implementar hoje? A construção de relacionamentos saudáveis é a ponte que conecta sua preparação espiritual ao sucesso efetivo.

A espiritualidade e a realização de sonhos andam de mãos dadas em nossa jornada pessoal. Muitas vezes, buscamos anseios e objetivos que, embora pareçam concretos e nítidos, acabam se mostrando, em sua essência, apenas reflexos daquilo que nutrimos internamente. A visualização é uma ferramenta poderosa que pode nos ajudar a alinhar nossas intenções espirituais com nossas metas de vida. Esse processo envolve não apenas imaginar o que desejamos, mas também conectar esses desejos a um propósito mais profundo e autêntico.

Quando dedicamos tempo para visualizar os nossos sonhos, criamos um espaço interno onde a criação se torna possível. Essa prática vai além de simplesmente sonhar acordado; trata-se de sentar-se em um espaço seguro e permitir que sua mente explore o que a verdadeira realização significa para você. Pergunte a si mesmo: como seria a vida se você estivesse vivendo sua missão? Quais sentimentos poderiam fluir dessa transformação? O poder de uma visualização clara e carregada de emoção reside na sua capacidade de mover as energias do universo em direção à realização. Uma visualização bem-concebida é como uma planta; você não está apenas admirando as flores enquanto ignora as raízes. Está colocando sua energia vital em um solo fértil para que as sementes de seus sonhos germinem.

Contudo, ajustar os objetivos materiais a seu propósito espiritual é uma dança delicada. Essa reorientação exige que, com a visualização, você alinhe suas ações àquelas intenções. Ao livrar-se do peso de expectativas externas e se conectar com aquele sussurro suave de seu coração, fica mais fácil criar um caminho em direção ao que realmente importa. Reflita sobre como seus objetivos podem servir não apenas a você, mas à coletividade. Os sonhos não precisam ser apenas itens em uma lista de desejos, mas sim etapas de um plano mais amplo que promete beneficiar outros à sua volta.

Ampliar esse olhar para o próximo também resulta em um impacto positivo em sua própria jornada. A prática da generosidade é um dos pilares fundamentais para abrir portas e criar sinergias tanto no âmbito pessoal quanto na esfera profissional. Sempre que damos sem esperar nada em troca, semeamos um ciclo de bondade que reverbera de volta para nossa própria vida. Pense em momentos em que você ajudou alguém levemente, como ao oferecer seu tempo para ouvir um amigo, ajudar em um projeto social. Essas pequenas interações têm um poder enorme e podem abrir caminhos inesperados, muitas vezes conectando você a oportunidades que nunca tinha imaginado.

Quando abraçamos a generosidade como uma parte integral de nossa vida, não apenas impactamos os outros, mas nos deixamos entregar-se ao fluxo do universo.

Para permitir que essas experiências se manifestem plenamente em sua vida, é crucial que você se comprometa a agir. Um convite à ação surge nesse ponto, incentivando-o a incorporar essas práticas em sua rotina.

Além disso, faça um esforço consciente para refletir sobre cada ação que você tomar. Como isso se alinha ao seu propósito maior? Quais sonhos você gostaria de materializar e que benefícios eles trariam para sua comunidade ou círculo mais amplo? Essas perguntas não são meras reflexões, mas um mapa que irá orientá-lo em cada passo que você decidir dar.

Ao encerrar este capítulo, lembre-se de que a verdadeira realização é um estado de ser que não se limita a conquistas externas. Quando você mistura intencionalmente seu crescimento espiritual com seus objetivos pessoais, as possibilidades se expandem de maneira surpreendente. A corrida não é contra o tempo ou o ambiente; a verdadeira corrida é para dentro de si mesmo. E, ao se comprometer a agir a partir dessa base espiritual, você pavimentará o caminho para uma jornada repleta de sucesso que verdadeiramente ressoa em quem você é. Abrace e aceite essa sinergia, porque a jornada está apenas começando.

O CAMINHO DA GENEROSIDADE COMO FUNDAMENTO PARA A VIDA

Imagine a vida de alguém que dedicou anos em busca de alcançar altos postos no mundo corporativo, vivendo em meio a números e projeções financeiras, apenas para descobrir em um momento de introspecção que essa busca, embora meritória, deixou um vazio irremediável.

Assim, à medida que navegamos nesse conceito, vamos nos deparar com a interseção entre o sucesso e a espiritualidade como um processo necessário e transformador. Nesse caminho, refletimos sobre as leis universais que regem nossos atos e ações, vamos lembrar novamente da Lei do Retorno, por exemplo, que ensina que tudo que emitimos ao mundo — amor, compaixão, bondade ou até mesmo a crítica — eventualmente retorna para nós. Por essa razão, adotar uma postura espiritual guiada pela generosidade e empatia se torna um imperativo não só para o desenvolvimento pessoal, mas para o bem-estar coletivo.

O impacto das ações altruístas pode trazer recompensas inesperadas. Indivíduos que se comprometem em realizar atos de bondade frequentemente observam como suas vidas se tornam mais leves e harmoniosas. A verdadeira essência da vida pode ser compreendida nas interações que cultivamos, em que cada gesto de bondade torna-se uma semente plantada para um futuro de felicidade e prosperidade em rede.

Você já se deparou com uma pessoa na porta de algum restaurante, supermercado ou outro local pedindo ajuda? Você parou para conversar e perguntar o que essa pessoa está realmente precisando? Ela pode estar com fome ou até mesmo pedindo ajuda para comprar leite ou algo necessário para os seus filhos ou sua família. Façam isso de agora para frente, ajude pessoas que estão nessa situação e sem julgar, faça de coração aberto.

A **Lei do Retorno** é um princípio poderoso que nos mostra como nossas ações em relação aos outros não são apenas experiências isoladas, mas sim parte de um ciclo de causa e efeito que impacta nossas vidas de maneiras muitas vezes inesperadas. Imagine que cada ato de bondade que você realiza, por menor que seja, é como uma semente lançada ao solo fértil da humanidade. Essas sementes, ao serem cultivadas com atenção, podem florescer e retornar a você, multiplicadas e ampliadas, fazendo sua colheita ser não apenas produtiva, mas essencial para o seu crescimento pessoal e espiritual.

Quando falamos de experiências transformadoras relacionadas à Lei do Retorno, é essencial lembrar que as ações generosas muitas vezes criam um efeito dominó. Em um ambiente laboral, por exemplo, um gesto de gratidão ou um elogio sincero a um colega pode criar um clima de motivação, em que cada um se sente valorizado e disposto a contribuir. Imagine uma equipe que, ao perceber a valorização mútua, começa a colaborar de forma ainda mais eficaz. Assim, os bons resultados não tardam em vir, formando uma dinâmica positiva que eleva o moral e produz frutos que todos podem colher.

Assim, a prática da generosidade se entrelaça com o entendimento profundo da Lei do Retorno. Cada um dos pequenos gestos que fazemos carrega consigo a possibilidade de gerar um impacto muito maior, seja em nossa vida pessoal, profissional ou espiritual. Isso reforça a ideia de que nosso sucesso não é apenas medido pelo que conquistamos, mas pelo que deixamos como legado nas vidas dos outros. Em última análise, essa união entre sucesso e espiritualidade nos proporciona uma compreensão mais rica do que significa realmente prosperar. Portanto, ao integrar a generosidade na sua rotina e reconhecer a conexão entre suas ações e seus frutos, você não só prepara um caminho de realização pessoal, mas também se torna um agente de transformação no mundo.

Reflita sobre suas ações diárias. Quais sementes você está plantando? Que tipo de legado deseja deixar? A interação contínua com a Lei do Retorno é o que nos convida a sermos parte de algo maior, a nos envolvermos ativamente na teia da vida, onde a verdadeira medida de sucesso se encontra não apenas em receber, mas em dar. Essa é a beleza do verdadeiro sucesso, em que a espiritualidade e a prosperidade andam de mãos dadas, mostrando que você, por meio de suas ações, é capaz de criar um mundo mais harmonioso e próspero para si e para os outros.

A espiritualidade desempenha um papel fundamental nas dinâmicas familiares e nas relações interpessoais. Quando cultivados de forma intencional, esses princípios ajudam a criar ambientes de amor e compreensão, em que as conexões humanas se tornam mais profundas. Famílias que introduzem práticas espirituais em seu cotidiano não apenas atravessem desafios, mas também compartilham momentos de união que fortalecem seus vínculos.

Ao reunir a família para um momento de reflexão, seja por meio de uma oração ou simplesmente compartilhando o que cada um aprecia no outro, cria-se um espaço onde todos se sentem valorizados. É uma oportunidade de ver não apenas as virtudes pessoais, mas também a importância de cada membro dentro do conjunto familiar.

A oração em conjunto é outra prática que pode transformar radicalmente um lar. Famílias que se reúnem para orar, mesmo que por apenas alguns minutos por dia, têm a chance de calar a mente e fortalecer os laços do coração e ter uma maior conexão com Deus. Essa prática não apenas faz com que cada membro se conecte com sua essência interior, mas também proporciona um local seguro para a expressão de sentimentos e pensamentos.

Ainda que muitos pensem que a espiritualidade é algo distante da vida cotidiana, a verdade é que ela pode ser integrada às vidas das famílias de maneiras muito simples. A leitura de histórias com ensinamentos morais, a prática de boas ações junto aos filhos, o diálogo sobre valores e a discussão sobre questões maiores da vida são formas de cultivar o espírito de comunidade e amor em casa.

Esses pequenos ritualismos não fazem apenas do lar um espaço de amor e acolhimento, mas também ensinam as crianças e jovens sobre as virtudes da empatia, do respeito e da generosidade. Quando trazemos a espiritualidade para o centro das nossas interações, criamos um ambiente onde o suporte mútuo não apenas se torna natural, mas também desejável. As gerações futuras, ao crescerem rodeadas dessas práticas, estão mais aptas a se tornarem adultos mais conscientes e compassivos.

Assim, é vital considerar como a espiritualidade pode se entrelaçar nas relações interpessoais e na vida familiar. O cultivo de um ambiente de amor e respeito não é só um presente pessoal; é um legado que impactará muitos outros ao longo do tempo. O verdadeiro sucesso, então, reside nessa capacidade de conectar-se profundamente com os outros enquanto se busca a própria realização pessoal.

Portanto, convido você a refletir: como você pode infundir essas práticas espirituais no seu cotidiano familiar e nas suas relações? Como cada gesto de amor e palavra de compreensão pode transformar seu mundo? Claro, essa jornada pode parecer desafiadora, mas cada passo dado nesse sentido levará a resultados mais abundantes e enriquecedores.

Integrar espiritualidade e educação financeira é uma abordagem inovadora que pode transformar a percepção do dinheiro e, consequentemente, a forma como vivemos. Muitas vezes, as lições que recebemos sobre dinheiro são meramente práticas, focadas em números e orçamentos. Porém, ao conectá-las às práticas espirituais, podemos criar uma relação mais saudável e consciente com o que possuímos.

Considere a história de Raquel, que cresceu em um lar em que o dinheiro era uma fonte constante de preocupações e estresse. Após se aventurar em um novo livro sobre finanças pessoais que abordava a espiritualidade, algo em sua visão começou a mudar. A leitura a desafiou a ver o dinheiro não só como um recurso a ser acumulado, mas como uma ferramenta que poderia ser utilizada para muito mais — para compartilhar, ajudar e criar experiências significativas.

Iniciando sua jornada, Raquel começou a praticar a gratidão ao lidar com suas finanças. Cada vez que ela pagava uma conta, agradecia pela oportunidade de ter, e essa mudança mental fez toda a diferença. Ela incorporou um ritual: ao abrir suas finanças mensalmente, dedicava um momento para refletir sobre tudo que tinha conseguido, incluindo o que poderia, de alguma forma, reverter para a sua comunidade.

Um dos resultados mais impactantes foi quando Raquel começou a organizar eventos comunitários junto a sua vizinhança — feiras de troca de roupa e trocas de livro. Esses eventos não só ajudaram a reduzir gastos, mas também criaram laços mais fortes com aqueles que a cercavam, unindo pessoas em um propósito comum, em que o foco não estava em posses, mas na construção de relacionamentos e apoio mútuo.

Além disso, ao ensinar suas crianças sobre dinheiro, Raquel fez questão de integrá-los nesse processo. Eles aprendiam sobre o valor do que possuíam, bem como a importância de retribuir, ajudando a construir uma mentalidade próspera não apenas em termos financeiros, mas emocional e espiritualmente. As crianças eram incentivadas a guardar uma pequena quantia de suas mesadas para doações, um procedimento que logo se tornou um hábito que eles mantiveram ao longo da vida.

Por meio de experiências como a de Raquel, vemos que a educação financeira não é apenas um campo a ser explorado — é um caminho que pode e deve ser iluminado pela espiritualidade. Adotar essa integração traz uma nova perspectiva sobre trabalho e lucro, e nos ajuda a redefinir o que significa ser bem-sucedido.

Refletindo sobre tudo isso, pergunto: como você pode incorporar valores espirituais em sua abordagem financeira? Considere sua relação atual com o dinheiro. Veja se ela traz paz e satisfação. Se não, inicie sua própria jornada de transformação. Alguém uma vez disse que o dinheiro é um mestre terrível, mas um ótimo servidor. Assim, ao integrar espiritualidade e educação financeira, abrimos um vasto campo de possibilidades, em que o verdadeiro sucesso se torna um reflexo tanto do nosso estado interior quanto de nossas ações no mundo.

Equilibrar a busca pelo sucesso material com a necessidade espiritual é uma jornada de aprendizado e prática constante.

A CONTRIBUIÇÃO E O PAPEL DO SUCESSO NA SOCIEDADE

Entender o que significa realmente o sucesso coletivo é uma das chaves para construirmos um mundo mais harmonioso e justo. Esse conceito nos convida a irmos além das conquistas pessoais e refletirmos sobre como nossas ações afetam a vida dos outros.

Ao refletir sobre a espiritualidade, percebemos que o desejo de contribuir para o bem comum faz parte do nosso anseio por significado. Não estamos aqui apenas para usufruir do mundo; estamos também para deixá-lo melhor do que encontramos. É nessa busca que muitos encontram não só a felicidade, mas também um robusto sentido de propósito em suas vidas. Quando atrelamos nossas conquistas a soluções para os problemas da comunidade, nos tornamos mais engajados.

Como podemos definir esse sucesso coletivo? É importante entender que ele deve englobar não só realizações individuais, mas também a capacidade de transformar a vida do próximo. O sucesso deixa de ser uma corrida solitária quando percebemos que cada passo que damos reflete nos outros. Nessa linha de pensamento, somos constantemente desafiados a considerar nos atos do dia a dia — seja um gesto de bondade, solidariedade ou mesmo um trabalho em equipe. O impacto que causamos no tecido social é um critério essencial para medir nossas conquistas.

Com isso em mente, que tal analisarmos narrativas inspiradoras de pessoas que, ao buscar o bem-estar da coletividade, redimensionaram suas vidas e se redescobriram?

Essa reflexão nos aponta que, quando nos unimos em torno do bem comum, a vida ganha um novo significado. Um aspecto é crer no poder da união e no coletivo — e esse entendimento é profundamente espiritual. A conexão com os outros e o compromisso com um futuro mais justo e inclusivo configuram a base de um sucesso que se perpetua através das gerações.

Como você tem contribuído para a sociedade? Quais ações simples podem gerar um impacto maior? As respostas estão não apenas na busca por sucesso próprio, mas na entrega de nosso ser para ajudar o próximo. O impacto que desejamos — seja na família, na vizinhança ou num contexto mais amplo — é um reflexo do sucesso que almejamos para nós mesmos. Dessa forma, lembrar-se de que cada um de nós é uma peça fundamental na construção de um mundo melhor servirá como motivação em sua trajetória.

O papel da responsabilidade social é um aspecto intrínseco ao sucesso autêntico que vivenciamos. Quando conseguimos alcançar nossas metas e objetivos, entendemos também que essa conquista vem acompanhada de um dever — o de ajudar os que estão ao nosso redor. O sucesso não é um destino isolado, mas sim uma jornada conjunta, em que a comunhão e a solidariedade se tornam os verdadeiros alicerces das nossas vitórias.

A Lei do Retorno se faz presente nesse contexto, demonstrando que, ao investir em ações altruístas, não estamos apenas fazendo a nossa parte, estamos também acolhendo potenciais benefícios que podem surgir em nossas vidas. Mesmo sem esperá-los diretamente, as energias que emitimos voltam a nós de forma surpreendente.

Ao abordarmos a responsabilidade social e o sucesso à luz das nossas ações, compreendemos que se trata de um ciclo contínuo. Apenas ao propagar a generosidade e o engajamento social é que fomentamos um ambiente de prosperidade. Nesse sentido, convido todos a se tornarem protagonistas na luta por um mundo mais justo e equitativo. O legado que deixaremos para as próximas gerações reside nas ações que tomamos hoje — e, assim, trilhamos um caminho de impacto positivo que se estende por toda a sociedade.

Portanto, ao refletirmos sobre o sucesso em nossas vidas, que essa reflexão nos leve a entender a profundidade e a beleza de fazer parte da jornada dos outros, agindo com amor e responsabilidade, e com a clareza de que nosso verdadeiro triunfo pode e deve ser medido pela diferença que fazemos no mundo.

A conexão entre as ações individuais e o impacto que causam na comunidade é muito mais significativa do que muitos imaginam. Cada pequeno gesto, cada atitude impulsionada pela generosidade, pode desencadear ondas de mudança que reverberam por toda a sociedade. E isso nos leva à reflexão sobre como ações simples podem fazer uma diferença imensa na vida das pessoas ao nosso redor.

Essa transformação não acontece por acaso. A educação e a conscientização desempenham papéis cruciais nesse processo. Quando ensinamos os jovens sobre a importância de serem gentis e generosos, impactamos suas vidas individuais e criamos um efeito em cadeia. Eles aprendem a importância de cuidar uns dos outros, de se sustentarem emocionalmente e de se tornarem agentes de mudança. Isso contribui para uma consciência coletiva que pode transformar a sociedade como um todo.

Por isso, ao educar, é fundamental ressaltar os valores da bondade, apoio e solidariedade. Promover workshops e discussões sobre a prática da empatia nas escolas ajuda a plantar a semente da mudança nas gerações futuras. Ensinar que cada um tem o poder de impactar positivamente a vida dos outros, mesmo por meio de pequenas ações, pode desencadear um ciclo encantador de generosidade.

Agora, ao refletir sobre o legado que deixamos, é importante considerar as relações que cultivamos ao longo da vida. As conexões que estabelecemos com amigos, familiares e até mesmo conhecidos são vitais. São essas trocas que nos fortalecem e nos oferecem a chance de crescer emocionalmente.

Portanto, que ações você pode implementar em sua vida para fazer parte dessa corrente? Que pequenas atitudes podem ajudar alguém ao seu redor e, com isso, criar um impacto positivo? O papel de cada um na comunidade é crucial, e perceber que podemos ser a diferença na vida de alguém traz um poderoso sentido de propósito.

Em suma, a espiritualidade e a responsabilidade social andam de mãos dadas no caminho do verdadeiro sucesso. Ao entender que cada ação que tomamos pode ter impactos que vão muito além de nós mesmos, abrimos o espaço para um futuro mais iluminado e harmonioso. A verdadeira alegria reside na capacidade de criar laços, de cuidar e de compartilhar, perpetuando essa essência por meio de cada geração que se segue. E lembre-se: é a sua contribuição que agrega valor ao caminho do coletivo, reafirmando que somos todos interligados e que o sucesso mais genuíno é aquele que se reflete nas vidas que tocamos.

Construir um legado duradouro é um dos objetivos mais nobres que podemos almejar na vida. Essa noção se torna especialmente vibrante quando nos perguntamos: que impacto desejo deixar para as gerações que virão? O que faço hoje pode ecoar no amanhã, moldando o futuro de forma que possamos nem mesmo imaginar. Para tanto, vamos considerar algumas histórias de pessoas comuns que se tornaram agentes de transformação em suas comunidades.

A mudança positiva trouxe à tona um novo ciclo: aquelas crianças, ao crescer, começaram a devolver à comunidade o que tinham recebido. Outros projetos surgiram, como cursos de música, teatro e arte, criando um forte espírito comunitário em que o novo se entrelaçava ao tradicional. A biblioteca, um espaço de acolhimento e aprendizado, se tornou o coração daquela comunidade e, por meio dela, muitos sonhos foram alimentados.

Ao pensar nesse legado, é fundamental refletir sobre como você pode também se engajar em causas que deixem uma marca positiva. Cada um de nós tem a capacidade de impactar a vida de outros com pequenas atitudes, e a soma dessas atitudes é que criará a verdadeira transformação. Pergunte-se: que dons e habilidades posso oferecer para ajudar minha comunidade? Que pessoas posso inspirar com meu exemplo? Ao nos propormos essa reflexão, ativamos uma força que transcende nossa própria jornada, conectando-nos a um propósito maior.

A construção desse legado não se dá apenas por meio de grandes feitos. Pequenos gestos de bondade e solidariedade, exercidos diariamente, consolidam esse trabalho em equipe pela humanidade. Um sorriso, a disposição de ouvir alguém, ou um ato simples de generosidade contribuem de forma significativa no dia a dia das pessoas.

Muitas vezes pensamos que a mudança exige sacrifícios e ações grandiosas, mas a verdade é que cada contribuição é valiosa. Ao ajudar alguém, nós também nos ajudamos, criamos uma rede de apoio mútua. Assim, ao avançarmos em nossas vidas, não podemos perder de vista essa ideia de coletividade, de entrega ao próximo.

GESTÃO DO TEMPO E RELACIONAMENTOS

A importância da gestão do tempo não pode ser subestimada em um mundo em que a correria do dia a dia muitas vezes nos engole. O tempo é um dos recursos mais valiosos que temos, e a forma como o utilizamos pode determinar não apenas o nosso sucesso pessoal, mas também a qualidade de nossas relações. Vivemos em um ritmo frenético, em que os compromissos se acumulam e a sensação de frustração pode se tornar recorrente. É fácil se perder em meio a tarefas, projetos e obrigações, deixando de lado o que verdadeiramente importa.

Imagine-se acordando todos os dias com uma lista interminável de afazeres. Você pode se sentir como se estivesse correndo em uma roda de hamster, sempre em movimento, mas nunca avançando. Essa é a realidade de muitos, e pode ser difícil encontrar um equilíbrio entre as demandas da vida profissional e as necessidades pessoais. Para transformar essa situação, é fundamental implementar técnicas práticas de gestão do tempo.

Uma estratégia eficaz é a utilização de listas de tarefas, que ajudam a priorizar o que é realmente importante. Definir o que deve ser feito no dia, semana ou até no mês pode trazer clareza e foco às suas ações. Adicione nessa lista também seus objetivos, metas e tudo que envolve sua vida, como família, espiritualidade, vida social, filhos, dinheiro, amor, trabalho, isso vai te ajudar a manter seu foco e direção dos seus propósitos e objetivos.

É comum que, em meio à correria, nossos relacionamentos pessoais sejam deixados de lado. A conexão com amigos e familiares, que deveria ser uma fonte de energia e alegria, muitas vezes é sacrificada.

Por isso, para gerenciar o tempo de forma produtiva e eficaz, é imprescindível encontrar um equilíbrio que não comprometa a qualidade das relações. Devemos investir tempo nas pessoas que amamos e que nos amam, garantindo que nossos atos sejam recheados de significados.

Diante desse cenário, o desafio é claro: como estamos utilizando nosso tempo? Estar presente no momento e construir relações significativas exige esforço intencional e planejamento. O que você fará a partir de hoje para garantir que as relações em sua vida prosperem com sua trajetória profissional? Lembre-se de que a verdadeira riqueza não está apenas em conquistas individuais, mas na força das conexões humanas que cultivamos ao longo do caminho.

A profundidade das relações pessoais em nossa vida não pode ser subestimada. No entanto, por que às vezes permitimos que a correria do dia a dia ofusque a importância de cultivar esses vínculos? É comum que, diante de tantos compromissos e obrigações, acabemos priorizando as tarefas em detrimento do que realmente nutre nossa alma: as relações autênticas e verdadeiras.

Quando olhamos ao nosso redor, é preciso começar questionando: quais são as relações que realmente merecem nossa atenção emocional e temporal? A qualidade das nossas interações sociais é um reflexo direto do quanto valorizamos os outros e, acima de tudo, a nós mesmos. Reflita sobre sua própria vida e suas interações diárias. Você está dedicando tempo suficiente para as pessoas que realmente importam?

Digamos que você conheceu uma nova pessoa e decidiu se aproximar dela. Ao fazer isso, é importante que a relação se desenvolva em um espaço confortável para ambos. A melhor forma de cultivar um vínculo é se tornar verdadeiramente interessado nas experiências do outro. Assim, você evita a impaciência característica das relações tecnológicas de hoje. Assim como as ferramentas de comunicação, que muitas vezes nos enganam, fazendo parecer que estamos conectados, mas, na realidade, não estamos construindo laços profundos.

Comece a praticar as seguintes estratégias: dedique mais atenção durante as conversas, compartilhe suas experiências, evite checar o celular durante uma conversa e, sobretudo, respeite o tempo do outro. Pode parecer simples, mas essas ações solidificam relações e cultivam um ambiente em que cada um se sente valorizado.

Após um dia longo, não se esqueça de reservar um tempo para conversar e compartilhar experiências com quem você ama. Como resultado, as memórias criadas nesse tempo juntos nutrirão a essência do que é realmente significativo em sua vida.

Nesse mundo repleto de distrações, cabe a nós fazermos a escolha consciente de valorizar cada conexão. Ao fazermos isso, não apenas nossos relacionamentos se fortalecem, mas percebemos que somos alimentados emocionalmente de maneiras que nem sempre podemos prever. Ao enxergarmos a qualidade nos vínculos que cultivamos, a vida imediata se torna um reflexo de quem somos e de como somos vistos pelos outros. É nesse espaço de desconexão da rotina que podemos fazer a diferença.

O filme *Click*, estrelado por Adam Sandler, é um grande exemplo de lição sobre o valor do tempo, as prioridades da vida e as consequências de nossas escolhas. Nele, Michael Newman, um arquiteto de sucesso, vive obcecado por seu trabalho e busca incessante por reconhecimento profissional. Na tentativa de facilitar sua vida, ele ganha um controle remoto mágico que lhe permite acelerar e pular partes da vida que considera menos importantes, como momentos com sua família, descanso e até pequenas discussões cotidianas. O que parecia uma solução simples e eficiente logo se transforma em um pesadelo.

À medida que Michael avança rapidamente pelos anos, sua carreira atinge o auge, mas a que custo? Ele acaba perdendo momentos inesquecíveis da vida com seus filhos, seus pais, negligencia sua esposa e deixa escapar as pequenas alegrias que completam a vida. Ao final, quando se vê velho, doente e solitário, percebe que, apesar do sucesso profissional, sua vida já não tinha mais sentido. O impacto é devastador, ele se torna um estranho para aqueles que ama e percebe que, enquanto buscava o sucesso, perdeu aquilo que realmente importava.

O filme é uma ficção, Michael recebe uma segunda chance. Ele acorda, como se tudo não passasse de um sonho, e tem a oportunidade de refazer suas escolhas. Esse final, embora reconfortante, carrega uma verdade triste da vida real, todos nós não receberemos essa segunda chance.

A história de Michael nos lembra que o tempo é nosso recurso mais precioso. Cada decisão que tomamos hoje molda o futuro que teremos amanhã. E embora o trabalho e o sucesso profissional sejam importantes, eles jamais devem ser alcançados à custa das coisas que realmente trazem significado à vida: as relações com a família, o amor, a conexão espiritual e os momentos de simplicidade e alegria.

No filme, Michael tem a sorte de poder voltar atrás, mas na vida, nossos erros e omissões podem ter consequências irreversíveis. Se negligenciamos aqueles que amamos em busca de ambições egoístas, muitas vezes não há como consertar os nossos erros ou recuperar o tempo perdido. A mensagem principal que o filme nos oferece é clara, o sucesso profissional sem o equilíbrio emocional e espiritual leva ao vazio. A felicidade real está em valorizar as pessoas que amamos, em ser presente e em cultivar um legado que transcenda o material.

Se tivermos a consciência de que o presente é tudo o que temos, seremos capazes de tomar decisões mais sábias, valorizando cada momento. Afinal, ao contrário de Michael Newman, nenhum de nós terá a chance de apertar "voltar" e recomeçar. A vida deve ser vivida com intenção, e o sucesso verdadeiro está na harmonia entre conquistas pessoais e os laços que criamos ao longo do caminho.

Agora, que tal refletir sobre como você pode valorizar suas relações? Pergunte a si mesmo: a quais momentos você pode se dedicar para estar realmente presente com as pessoas que ama? Deixe que a resposta guie as suas ações e transforme sua maneira de ver o mundo e suas interações. Ao fim do dia, o que realmente importa são aquelas memórias que construímos entre risadas, confidências e conexões sinceras.

O autocuidado é mais do que uma prática, é um pré-requisito indispensável para uma vida equilibrada. Muitas vezes, aqueles que nos cercam podem não estar conscientes do quanto a nossa energia emocional influencia as relações que cultivamos. Quando estamos sobrecarregados, é fácil desviar o foco da conexão verdadeira com os outros, transformando nossas interações em compromissos superficiais. Por isso, o primeiro passo é reservar um tempo para nós mesmos. Imagine um botão de pausa na sua vida, um intervalo para respirar e reavaliar o que realmente importa.

Ao olhar para o espelho, é fundamental perguntar: como estou me sentindo hoje? Praticar a autorreflexão é um ato poderoso que nos ajuda a identificar o que precisamos e como podemos ajudar os outros a se sentirem valorizados em nossa presença. Além de manter saúde emocional, a atividade física e uma alimentação equilibrada são pilares essenciais dessa construção. Invista no tempo que você dedica a si mesmo com afeto e carinho, pois essa é a base sobre a qual você poderá reconstruir suas relações.

Imagine que, conforme você cuida de si, algo mágico acontece. As pessoas que se aproximam de você se tornam reflexos do seu estado interior.

Essas transformações nos levam a entender que o autocuidado não se limita apenas à nossa saúde física, mas atinge também a saúde das nossas relações. Quando você se dedica a cuidar do seu ser, você

55

se torna uma fonte de inspiração e acolhimento para aqueles que lhe cercam. Este ato de valorização pessoal se traduz diretamente na forma como os outros percebem e reagem a você.

Ao encerrar suas atividades diárias, que tal expressar gratidão pelas relações que você cultivou? A prática da gratidão pode mudar a dinâmica de qualquer interação, fazendo com que as pessoas se sintam apreciadas e reconhecidas. Essa ação simples, mas repleta de significado, não apenas nutre você, mas também enriquece todos ao seu redor.

Neste ponto, convidando você para uma nova reflexão, pergunte-se: como posso integrar o autocuidado em minha rotina para enriquecer minhas relações? Que passos vou dar para me permitir sentir, vibrar e viver plenamente? A jornada começa agora, conectando-se primeiro consigo mesmo para, então, se permitir transbordar para o mundo. Afinal, a qualidade de suas relações está intrinsicamente ligada à qualidade do cuidado que você dedica a si.

Compreender a profundidade das relações envolve não apenas a convivência, mas também a reflexão sobre os ensinamentos que a espiritualidade nos oferece. Ao olharmos para o conceito de relacionamento à luz da espiritualidade, nos deparamos com elementos que transcendem a mera convivência. A espiritualidade enfatiza a importância da compaixão, do amor e da empatia, sendo esses aspectos cruciais para a construção de conexões autênticas e duradouras.

Além disso, o perdão é outro princípio espiritual que precisa ser mencionado. A capacidade de perdoar é um pilar fundamental para a manutenção de relacionamentos saudáveis. A dor e as desavenças fazem parte da experiência humana, mas quando liberamos o peso da mágoa, criamos espaço para a cura e para renovação.

Em essência, a espiritualidade nos ensina que, ao valorizarmos o outro em sua totalidade, estamos não apenas construindo laços de amizade, mas também nutrindo nosso próprio ser interior. As relações prósperas nascem de um solo fértil, em que o amor, a compaixão e o perdão são acertos fundamentais que cultivamos ao longo da vida. Ao refletirmos profundamente sobre nossas interações, podemos perceber a grande transformação que acontece quando deixamos a espiritualidade guiar nossos relacionamentos.

Assim, questionemo-nos: que legados queremos deixar no coração das pessoas que cruzam nossos caminhos? Como nossas ações podem se ressaltar nas memórias daqueles que amamos? Essa autocrítica torna-se o primeiro passo para transformar nossa visão sobre as relações e nos convida a agir com uma consciência revitalizada do impacto que causamos. Portanto, que tal aprofundar sua prática de gratidão e perdão em sua vida? Permita-se explorar esses sentimentos e veja como eles podem influenciar não só você, mas todas as vidas que tocamos por meio de nossas interações.

APRENDENDO COM O FRACASSO

A nova perspectiva sobre o fracasso

A palavra "fracasso" costuma ecoar como uma sentença de morte em muitas mentes. Crescemos em uma sociedade que, em seu frenesi por conquistas, rotula o fracasso como um adversário implacável. Mas e se disséssemos que o fracasso é, na verdade, uma porta escancarada para o aprendizado e a evolução? Mudar a perspectiva que temos sobre o fracasso pode ser a chave que nos abre foros inesperados.

Pense em grandes nomes da história que enfrentaram fracassos avassaladores: Thomas Edison, que experimentou milhares de falhas antes de inventar a lâmpada, ou J.K. Rowling, que teve sua obra *Harry Potter* rejeitada por diversas editoras antes de se tornar um fenômeno mundial. A resiliência desses ícones nos ensina que cada tropeço pode ser o alicerce de um sucesso futuro. Afinal, quem não se lembra da famosa frase: "Eu não falhei. Apenas encontrei 10 mil maneiras que não funcionam"?

É hora de desmistificar a ideia de fracasso. Afinal, ele não é um sinal de desistência, mas um indicativo de que estamos ousando, inovando e, muitas vezes, tentando algo que realmente importa. Reflita um pouco sobre sua própria trajetória. Quantas vezes você se sentiu desmotivado após um erro, pensando que havia atingido o fundo do poço? O que você fez a partir disso? Tomou isso como um fim ou uma oportunidade para se reinventar?

Imagine-se como um arco, esticado ao máximo: quanto mais se resiste, maior a força que se exerce para voltar à posição inicial e muito além. Os desafios se apresentam não como barreiras, mas como linhas de construção que nos conduzem ao nosso eu mais forte e destemido.

Para consolidar essa nova visão, convido você a lembrar de alguma situação em que se sentiu perdido ou desmotivado. O que você aprendeu com isso? Como essa experiência moldou não apenas suas decisões futuras, mas também sua própria percepção de si mesmo? Para cada um de nós, é importante se permitir vivenciar essas quedas de forma leve, como um aprendizado em vez de um estigma.

Uma reflexão que não pode faltar é acerca das lições que surgem de experiências que não deram certo. Para muitos, esses momentos se transformam em histórias de sabedoria. A pergunta fica: que histórias você poderá contar a partir dos seus fracassos? Como você usará suas experiências para inspirar os que estão ao seu redor a fervilharem suas criações e, acima de tudo, a serem menos duros consigo mesmos?

Assim, colocamos em xeque o que realmente significa fracassar. Ao longo deste capítulo, você verá que o fracasso deve ser acolhido com carinho e resiliência, pois ele é uma parte fundamental da jornada em busca do sucesso. Ao final, o que nos transforma não é o turbilhão de erros cometidos, mas a sabedoria que vai surgindo a partir deles. Afinal, aprender com os erros é um dos caminhos mais gratificantes que podemos trilhar. Vamos lá? A trajetória da sua mudança começa agora!

Lições valiosas do fracasso

A trajetória da vida é repleta de altos e baixos, e o fracasso, muitas vezes visto como um fardo, pode se revelar uma fonte rica de aprendizado. Quando refletimos sobre nossos erros, somos convidados a buscar as lições que se escondem por trás de cada tropeço. Assim como cada obstáculo que encontramos em nosso caminho, essas lições têm o poder de moldar nosso caráter e definir nossa resiliência.

Aqui, então, é preciso entender que o fracasso não define quem somos, mas ele tem a capacidade de nos moldar. Cada erro é como um tijolo que pode construir uma fundação mais sólida para o futuro. Esse processo não é automático e exige uma dose de reflexão e acolhimento. A pergunta que se impõe é: o que você aprendeu de suas quedas? Se você permitir que essas experiências se tornem parte da sua narrativa, seus desafios podem ser transformados na força motriz que o levará onde você deseja chegar.

Além disso, a tolerância que desenvolvemos em relação a nós mesmos quando admitimos nossas falhas traz consigo um efeito colateral maravilhoso: despertamos a empatia. Quando começamos a entender que todos enfrentam dificuldades, torna-se mais fácil ser gentil não apenas com os outros, mas também conosco. Essa compaixão gera um ambiente propício para aprendizado e crescimento contínuos.

Para potencializar esse aprendizado, pratique a autoanálise. Reserve momentos para refletir sobre seus erros, identifique as lições que eles oferecem. O que você poderia ter feito diferente? Como poderia se preparar melhor para o que está por vir? Essas questões não devem ser encaradas com culpa, mas como ferramentas que promovem o crescimento pessoal.

Nesse cenário de troca e aprendizado, encontramos um espaço sagrado. Aprender com o fracasso se trata de redefinir nossa relação com ele; em vez de um terror, ele pode se tornar uma estrada iluminada que nos leva a novos caminhos, que por sua vez constantemente nos dão novas chances de recomeçar.

Finalmente, saiba que as lições do fracasso não são um destino, mas uma jornada. Abrace cada aprendizado, acolha cada erro. Afinal, no fim, o que realmente conta é quem nos tornamos ao longo desse belo processo de aprendizado. E ao traçarmos esse caminho, nos permitimos levantar e, assim, criar uma nova narrativa em que uma falha não é o fim, mas o início de algo ainda maior e mais significativo.

Transformar o fracasso em oportunidade é uma habilidade poderosa e essencial. Após uma queda, a primeira reação muitas vezes é de desânimo, como se todo o nosso esforço tivesse sido em vão. No entanto, ao adotarmos uma mentalidade de crescimento, podemos reverter essa narrativa. O fracasso não deve ser visto como um fardo, mas como um catalisador que nos impulsiona a buscar novos caminhos.

Um passo essencial nessa transformação é desenvolver um plano de ação após um fracasso. Não basta aprender; é preciso colocar esses aprendizados em prática. O que falta? Onde você pode melhorar? Você precisa sair da zona de conforto e explorar novas estratégias. Isso pode incluir buscar conhecimentos que você não tinha, como marketing digital ou gestão financeira, que se tornaram cruciais em sua nova abordagem.

Além disso, cultivar uma mentalidade positiva diante dos desafios é fundamental. Como diz aquela frase: "Diante dos obstáculos, o que importa é como você reage". Sua capacidade de resiliência será testada, e a resposta a essa pergunta pode definir seu caminho. Perceba que cada "não" que você ouvir, cada crítica que lhe for feita, é uma oportunidade para crescimento.

Mensurar suas vitórias, mesmo que pequenas, cria um ambiente positivo propício à próxima conquista. Lembre-se das conquistas passadas e como superou dificuldades. Essa autoafirmação fortalecerá sua confiança e motivação.

Ao encerrar esse processo, pergunte-se: o que aprendemos com essa experiência? Como podemos implementar essas lições de forma prática no nosso cotidiano? Ao assimilar essas vivências e transformar os desafios em oportunidades, você não só reescreve sua própria narrativa, como se torna um exemplo inspirador para aqueles ao seu redor. Afinal, o verdadeiro sucesso não está na ausência de fracassos, mas na capacidade de aprender, crescer e brilhar após cada queda.

Implementar uma filosofia construtiva em nossas vidas após experiências de fracasso é um passo fundamental para o crescimento pessoal e profissional. Começamos a reescrever a narrativa em torno do fracasso ao adotarmos uma mentalidade proativa. Isso significa aceitar que o fracasso faz parte da jornada e, mais importante, que ele é uma oportunidade de aprendizado.

Todo fracasso traz consigo lições inestimáveis, então por que não passar a ver cada um deles como um trampolim?

Quanto mais alta a queda, mais forte a impulsão que ele pode proporcionar. Para isso, é essencial cultivar uma disposição interna que nos permita acolher as adversidades. É como plantar sementes em um solo árido: pode levar tempo, mas com paciência e cuidados adequados, os frutos surgirão. A primeira atitude a se adotar é a autoaceitação. Devemos nos perdoar pelas falhas, reconhecendo que cometer erros é humano e parte do processo de evolução.

Diante de uma queda, é fácil nos deixarmos consumir por sentimentos de culpa ou vergonha. Entretanto, em vez disso, que tal parar e refletir sobre o que podemos extrair daquela experiência?

Fomentar um círculo de apoio também é imprescindível. Ao cercar-se de pessoas que reconhecem suas lutas e apoiam suas batalhas, você se fortalece. Conversar com um mentor ou um grupo de pessoas que compartilham experiências similares pode ser transformador. Esses relacionamentos oferecem um espaço seguro em que se pode compartilhar fracassos sem medo de julgamento. Além disso, é uma oportunidade para ver outros prosperando, o que ajuda a reafirmar que todos estão em uma jornada de aprendizado.

Por fim, ao terminar um projeto, uma boa prática é revisar os aprendizados e formular um novo plano. Pergunte-se: o que funcionou bem? O que poderia ser ajustado se surgisse uma nova oportunidade? Essa reflexão não apenas ajuda a consolidar as lições aprendidas, mas também prepara o terreno para que o próximo empreendimento seja mais sólido e bem-sucedido.

Nesse processo, é importante que se celebrem pequenas vitórias. Em cada pequeno passo, há um avanço, e reconhecer isso é fundamental para manter a motivação. Desde a formação de um novo hábito até o êxito em uma nova tarefa, cada pequeno triunfo conta. Construir uma mentalidade que celebre os sucessos, mesmo que insignificantes, ajuda a criar um ciclo positivo que alimenta a confiança e o desejo de continuar progredindo.

À medida que avançamos, lembre-se: o fracasso não é o fim, mas um convite ao aprendizado. Ao abraçarmos essa filosofia construtiva e nos cercarmos de um ambiente de apoio, transformamos cada tropeço em uma fundação sólida para o sucesso futuro. E assim, a jornada se enriquece, e a vida se torna uma experiência repleta de crescimento, resiliência e realizações significativas.

BENS MATERIAIS E ESPIRITUALIDADE

A dualidade dos bens materiais e espirituais

Vivemos em um mundo repleto de possibilidades, em que os bens materiais e a espiritualidade costumam se confrontar em nossas vidas. Por um lado, a busca por riqueza e sucesso é um sonho que permeia a vida de muitos. Por outro, frequentemente nos deparamos com a questão: até que ponto essa busca pela acumulação de bens traz verdadeira felicidade?

O desejo insaciável por posses pode nos aprisionar em um ciclo de insatisfação. Imagine um empresário que, após anos de dedicação e trabalho árduo, finalmente vê seu nome associado a um grande conglomerado. Ele possui tudo que sempre desejou: um carro luxuoso, uma casa de férias em uma praia paradisíaca e uma conta bancária recheada. Contudo, em meio a todo esse sucesso, a impressão que prevalece em sua mente é de um vazio inexplicável.

Essa realidade não é exclusiva de um homem de negócios. Tantas pessoas que imaginaram que a riqueza resolveria todos os seus problemas acabam se sentindo solitárias, desconectadas e insatisfeitas. Relatos de indivíduos que, apesar do conforto financeiro, se veem passando dias sem um propósito claro, refletem que a conexão espiritual é o que falta para preencher esse espaço vazio. O desejo material parece ter ofuscado o que realmente importa: as relações humanas e o crescimento espiritual.

Muitas vezes, nos esquecemos que a vida não se resume aos bens que possuímos, mas sim às experiências e aos laços que cultivamos. Quando focamos excessivamente nas posses materiais, podemos acabar sufocando nosso crescimento espiritual, que por si só traz significado, propósito e plenitude. É imprescindível lembrar que a verdadeira riqueza não está em quantas coisas temos, mas sim no quanto somos capazes de nos conectar internamente e com os outros.

Quantas histórias conhecemos de pessoas que, ao atingirem o ápice de suas carreiras, se veem insatisfeitas? Vivenciar o sucesso financeiro sem um alinhamento com a espiritualidade pode levar ao desespero e à incompletude. É uma tática aparentemente infalível para a felicidade? Jamais! É fundamental encontrar o equilíbrio entre o que conquistamos e o que vivemos com o coração.

Aqui, a reflexão se faz necessária: como você lida com a sua própria relação entre os bens materiais e a espiritualidade? Essa dualidade pode ser transformadora quando deixamos de lado as comparações e o superficialismo e começamos a valorizar as experiências sobre as posses. O equilíbrio saudável entre ter e ser, entre conquistar e amar, é o que realmente nos enriquece.

A busca incessante por bens materiais pode obscurecer o que realmente alimenta nossas relações e o espírito. Quando nos deixamos levar por essa ânsia, corremos o risco de nos tornarmos escravos de nossa própria ambição, ignorando as conexões humanas que, de fato, nos nutrem e trazem sentido à nossa vida.

É crucial agora perguntarmo-nos: como temos nutrido nossas relações? Estamos permitindo que a busca por bens materiais ofusque nosso entendimento de felicidade e conexão? Se sim, talvez esteja na hora de reavaliar o que realmente fazemos e como utilizamos nosso tempo e energia. Que legado deixaremos para nossas gerações futuras se continuarmos a priorizá-los sobre nossas relações? O caminho para um estilo de vida equilibrado é simples, porém desafiador. Que possamos escolher o amor, no qual existem bens e, assim, habilitar um novo paradigma, em que os vínculos humanos e a busca por um propósito sejam priorizados acima de tudo.

Encontrar um equilíbrio entre a busca por bens materiais e a espiritualidade não é apenas um convite à reflexão, mas um caminho essencial para nosso bem-estar por completo. Muitas vezes, estamos tão imersos na competitividade e no desejo de acumular que esquecemos do que realmente nos alimenta e traz felicidade profunda. Para restabelecer essa conexão perdida, uma série de práticas pode nos ajudar a reorientar nossa vida, tornando-a mais rica e significativa.

Outra prática é incorporar momentos de autocuidado na rotina diária. Não se trata apenas de manter a saúde física, mas também de cuidar da saúde mental e emocional. Encontre um tempo para si mesmo, seja para fazer exercícios físicos ou desenvolver um hobby que o faça feliz. Ao priorizar esses momentos, você reabastece suas energias e se fortalece emocionalmente, criando um espaço propício para que a espiritualidade floresça ao lado do seu sucesso material.

A conexão com a comunidade e o envolvimento em atividades voluntárias também são caminhos valiosos. Ao sermos parte de algo maior e distribuirmos bondade, experimentamos um profundo senso de pertencimento.

Além disso, exercite o desapego. Pare um instante para olhar ao seu redor e questionar: quantos dos bens materiais que possuo realmente me trazem felicidade? Muitas vezes, estamos rodeados de coisas que apenas ocupam espaço, enquanto o que realmente precisamos está nas conexões humanas e nas experiências vividas. Um foco mais intenso nas experiências, ao invés das posses, é a chave para abrir novas portas a um estado de espírito pleno e feliz.

Conforme suas relações se fortalecem e você equilibra melhor suas ambições materiais com desejos espirituais, comece a cultivar um ambiente que inspire este estilo de vida. Cerque-se de pessoas que compartilham suas metas e valores, e que estão dispostas a enaltecer seu crescimento.

O equilíbrio entre o que você possui e a sua vida interna pode parecer um ato de malabarismo, mas é uma arte que vale a pena aprender. Ao integrar esses elementos, você não apenas criará um caminho sólido para o sucesso, mas também garantirá que esse sucesso tenha significado e propósito. E ao final, ao refletir sobre sua jornada, a paz que você experimentar será o verdadeiro indicativo de que conseguiu alinhar as esferas materiais e espirituais da sua vida, criando uma sinfonia harmoniosa de luz e realização.

O que realmente trará felicidade para sua vida? Você não precisa abandonar os seus sonhos materiais, apenas manter o equilíbrio entre o "ser" e "ter", as realizações materiais que você busca fazem parte da sua felicidade, como aquele carro tão sonhado pode ser realizado.

Este é o convite: o que você escolherá fazer a partir de agora? O que ou quem precisa de você para que você cresça e encontre esse equilíbrio entre ter e ser? Ao fazê-lo, você não apenas transformará sua vida, mas a vida de muitos à sua volta também.

A CIÊNCIA E A ESPIRITUALIDADE

A ESPIRITUALIDADE E O SUCESSO

A relação entre espiritualidade e ciência sempre foi um assunto polêmico. Desde o início dos tempos, a humanidade busca compreender os fenômenos que não podem ser explicados de forma racional ou científica. A natureza da ciência é baseada na observação, na experimentação e na repetição de fenômenos. Por sua vez, a espiritualidade pertence à esfera de experiências subjetivas, fé e transcendental, e não pode ser medida pelo método científico.

Grandes cientistas ao longo da história, como Albert Einstein e Isaac Newton, eram pessoas que acreditavam na existência de uma força superior. Embora eles trabalhassem dentro dos limites do método científico, também reconheciam que certas perguntas não poderiam ser respondidas por suas equações.

Um exemplo clássico que mostra essa dicotomia pode ser encontrado no próprio Evangelho. A transformação da água em vinho, realizada por Jesus nas bodas de Caná, é um dos milagres que desafiam a lógica científica. A ciência, com todas as suas maravilhas e avanços, não consegue explicar esse acontecimento. É improvável, pelos padrões científicos, que um líquido possa mudar sua composição molecular e química de forma tão abrupta e sem intervenção de processos físicos conhecidos. Porém, esse evento é uma das bases da fé cristã, um milagre que transcende as leis da natureza. Isso nos leva a uma questão crucial: a ciência pode explicar os fenômenos espirituais?

A resposta, até o momento, é negativa. A ciência opera no plano físico, do verificável. Ela nos dá respostas sobre o funcionamento do universo físico, das leis da gravidade, da evolução e da química, entre outros. Mas quando se trata de milagres, de experiências espirituais e da existência de Deus, a ciência se mostra limitada. Não por incompetência, mas porque esses eventos pertencem a uma outra dimensão, a do transcendente, do invisível. A espiritualidade não está sujeita

71

às mesmas leis que governam o mundo físico, e talvez por isso não possa ser mensurada, explicada ou refutada pela ciência.

Imagine uma pessoa com um tumor maligno, já desenganada pela medicina, subitamente apresenta uma cura inexplicável, como no exemplo de um tumor de 20 cm desaparecer sem deixar vestígios, a ciência encontra uma barreira. Exames médicos são feitos, resultados são confirmados, mas o que realmente aconteceu? Foi um erro inicial de diagnóstico ou um processo biológico desconhecido? A ciência não consegue provar nem refutar um milagre, pois sua metodologia não se aplica ao campo espiritual.

É intrigante observar que muitos dos maiores críticos da religião e da espiritualidade, especialmente no campo da ciência, filosofia e literatura, compartilham uma característica em comum: um problema pessoal com Deus. Sigmund Freud, por exemplo, figura notável no estudo da psicanálise e um dos maiores críticos da religião, viveu um profundo luto com a morte de sua filha Sophie. Essa perda pode ter reforçado seu distanciamento da fé e alimentando suas críticas à religião. Freud via a crença em Deus como uma necessidade psicológica infantil, uma ilusão que derivava da busca por proteção e segurança, sentimentos que, para ele, não correspondiam à realidade.

Mas será que as críticas de Freud e de outros pensadores foram realmente fundamentadas em uma análise objetiva da espiritualidade, ou foram influenciadas por suas experiências de vida, por suas dores pessoais? Muitos desses cientistas e filósofos que negam a existência de Deus carregam, conscientemente ou não, traumas e feridas que os afastaram de qualquer forma de religiosidade. A perda de um ente querido, uma doença ou qualquer tipo de sofrimento podem, muitas vezes, criar uma barreira entre a pessoa e sua espiritualidade.

Nessa linha de raciocínio, podemos questionar: as críticas à religião e a tentativa de provar a inexistência de Deus são, de fato, genuínas ou são motivadas por mágoas e questões não resolvidas com Deus? A ciência e a razão são ferramentas poderosas, mas elas não conseguem tocar o íntimo da alma humana, onde muitas vezes estão os verdadeiros motivos por trás da descrença.

No Evangelho, vemos que Jesus transcende o mundo físico, seus milagres, como a cura dos doentes, a multiplicação dos pães e peixes, e a transformação da água em vinho, aconteceram exclusivamente para tocar corações, fortalecer a fé e mostrar a presença de Deus no meio das pessoas. Esses eventos nos mostram que espiritualidade e ciência ocupam esferas distintas.

A ciência tem seu papel fundamental na evolução da humanidade, no entendimento do cosmos e na busca por soluções para os problemas terrenos. Mas ela não é o único caminho para o conhecimento. Há algo que vai além da ciência: o mistério da fé, a experiência do transcendente, a conexão com o divino. Tentar provar a inexistência de Deus ou a irrealidade dos fenômenos espirituais é uma tarefa que, por sua própria natureza, está fadada ao fracasso. Porque Deus, a fé e a espiritualidade pertencem a um campo que não pode ser medido por fórmulas ou instrumentos.

Assim, apesar das tentativas de alguns em usar a ciência para refutar a espiritualidade, esse caminho sempre esbarra no mistério. O que nos leva a concluir que ciência e espiritualidade não estão em oposição, mas simplesmente em planos diferentes. Enquanto a ciência tenta decifrar o mundo material, a espiritualidade nos convida a entender o imaterial, aquilo que não pode ser visto ou tocado, mas que é sentido e vivido por milhões de pessoas ao redor do mundo.

No fim das contas, talvez o maior desafio não seja provar ou refutar a existência de Deus pela ciência, mas sim aprender a viver com o mistério, aceitando que há coisas que vão além do que podemos compreender. Como disse Einstein: "A ciência sem religião é manca, a religião sem ciência é cega". Assim, é possível que a resposta para o conflito entre ciência e espiritualidade não esteja em escolher um lado, mas em reconhecer que ambos têm seu lugar no entendimento da vida e do universo.

TENHA UM OBJETIVO

A vida é um fluxo constante de escolhas e caminhos. Muitos de nós nos encontramos perdidos em meio à correria do cotidiano, vivendo no piloto automático: trabalhamos, pagamos contas e, sem perceber, os dias se tornam semanas, os meses se tornam anos. Quando nos damos conta, muitas vezes já deixamos para trás os sonhos que nos moviam quando éramos mais jovens. E então nos perguntamos: onde erramos?

A verdade é que, sem um objetivo claro, a vida tende a seguir um rumo aleatório. Qualquer conquista que você tenha sem um propósito definido é mais fruto do acaso do que de um esforço consciente. É como estar à deriva em um oceano, esperando que o vento o leve a algum lugar. Mas, sem um destino, qualquer lugar se torna aceitável, mesmo que não seja o que você realmente desejava.

Ter um objetivo é como definir o farol que guiará seu barco pelas tempestades e calmarias da vida. E não se trata apenas de grandes metas, como conquistar uma casa, um carro ou uma posição de destaque no trabalho. Trata-se de dar sentido às suas escolhas diárias, pequenas ou grandes, para que cada ação seja um passo em direção ao seu propósito.

O primeiro passo: definir seus sonhos

Antes de traçar um objetivo, você precisa entender o que realmente deseja. Pergunte a si mesmo: *qual é a casa dos meus sonhos? Que carro eu gostaria de dirigir? Para onde eu gostaria de viajar? Como seria o meu emprego ideal?*

Esses sonhos, por mais distantes que possam parecer, são a base para seus objetivos. Transformar sonhos em objetivos é o primeiro grande passo. Quando você começa a visualizar, a materializar seus desejos, algo mágico acontece. Você começa a traçar o caminho para eles, mesmo que inconscientemente.

Escreva seus sonhos. Desenhe o que quer, imprima fotos, faça colagens e coloque em lugares onde você possa ver todos os dias. Esses pequenos lembretes visuais servem para manter sua mente focada e seu espírito motivado. Visualizar seus sonhos com frequência não é apenas uma técnica, é uma maneira de o universo compreender o que você realmente quer. E, ao contrário do que muitos acreditam, sonhar não é o oposto de ser espiritualizado ou consciente. Sonhar é acreditar que há mais para conquistar, e a espiritualidade só fortalece essa convicção, pois ela completa suas realizações, dando sentido e paz ao que você busca.

O segredo do foco

Forest Gump, personagem imortalizado no filme que leva seu nome, nos ensina uma lição valiosa sobre o poder do foco. Embora a história seja ficção, ela ilustra perfeitamente o que acontece quando uma pessoa estabelece um objetivo e mantém sua mente afastada das distrações. Forest nunca se desviou de seus objetivos, não importava o que os outros dissessem ou como o mundo ao seu redor mudasse. Ele apenas seguia em frente, passo após passo, e, no final, conquistou o que muitos achavam impossível.

É claro que, na vida real, não é sempre tão simples. Mas a essência da lição permanece: as distrações são muitas, mas o poder do foco é imenso. Quando você tem um objetivo claro, você aprende a dizer "não" ao que não te aproxima dele. Pessoas, situações e até pensamentos podem tentar te afastar, mas, com a mentalidade certa, você não apenas evita essas armadilhas, como também usa cada desafio como combustível para seguir em frente.

Um dos maiores erros que as pessoas cometem ao traçar objetivos é a pressa. Queremos tudo para ontem e, ao ver que não estamos progredindo na velocidade que gostaríamos, nos frustramos e desistimos. Há um tempo certo para tudo, e a paciência é sua maior aliada nesse processo.

Confie que o universo está trabalhando a seu favor, que cada passo que você dá, mesmo que pequeno, te leva na direção certa. E quando o desânimo vier, olhe para suas visualizações, para suas metas anotadas e lembre-se do porquê você começou. O segredo não está apenas em alcançar o destino, mas em se manter firme no seu propósito.

Então, tenha um objetivo. Não qualquer objetivo, mas aquele que faz seu coração bater mais forte. Siga-o com dedicação, foco e paciência, e deixe o universo fazer o resto. Aos poucos, você perceberá que a vida, antes cheia de incertezas, agora segue um rumo claro. E, quando você menos esperar, estará vivendo a realização dos seus maiores sonhos.

A procrastinação é o seu inimigo

A procrastinação é uma das principais barreiras para alcançar os objetivos. Quando adiamos tarefas, estamos, na verdade, sabotando nosso próprio progresso. Cada vez que deixamos algo para depois, acumulamos responsabilidades, aumentando a pressão e o estresse. Esse ciclo cria uma sensação de sobrecarga que muitas vezes nos impede de agir com eficiência.

Para evitar esse obstáculo, é fundamental ter iniciativa. A ação é o combustível que impulsiona os resultados. Quando encaramos nossas obrigações diárias com foco e determinação, mantemos o ritmo necessário para progredir. Completar as tarefas do dia no próprio dia garante que nada se acumule e nos aproxima dos nossos objetivos, passo a passo.

Portanto, não procrastine. Faça o que precisa ser feito no momento certo. A constância é o segredo para transformar pequenos esforços diários em grandes conquistas ao longo do tempo.

Ter um objetivo é a chave para suas realizações.

FAMÍLIA: NOSSO MAIOR BEM

Sem dúvida, a família é o nosso bem mais valioso e a nossa maior conquista. Em meio aos desafios e triunfos da vida, a verdadeira riqueza reside nos laços que temos com nossos entes queridos. A família é a base da nossa força para enfrentar os nossos problemas, mas, ao mesmo tempo, é também nela que encontramos um profundo sentimento de pertencimento e contentamento.

Uma família construída sobre o amor, a espiritualidade, no diálogo e na generosidade é a base sólida para uma família estruturada. Na oração, ganhamos sabedoria para guiar nosso caminho espiritualmente, nos conectamos com algo maior, que fortalece nossa conexão e ilumina nosso caminho.

Crianças: nosso maior legado

De todas as bênçãos da vida, os filhos são o nosso maior legado. Eles representam a continuação da nossa história e carregam as lições que aprendemos ao longo do caminho. Ensinar a eles valores como compaixão, generosidade, perdão e amor ao próximo é uma das maiores responsabilidades que podemos assumir porque molda não apenas o caráter de nossos filhos, mas o futuro que desejamos para o mundo.

Cada ato de amor, ensino sobre espiritualidade e a importância de ajudar os necessitados lançará sementes para as gerações vindouras. Nosso maior desafio, e nossa maior conquista, é criar um ser humano integral, inteligente e atencioso.

Ensine seus filhos e leve seus filhos com você quando for ajudar alguém, quando for participar de algum projeto comunitário de ajuda ao próximo, quando for visitar um lar de idosos, tenha projetos sociais junto com seus filhos a fim de moldá-los como pessoas melhores.

Tempo e presença: os melhores presentes

Na vida de hoje, às vezes negligenciamos o mais importante: o tempo com nossa família. Nossos filhos crescem rapidamente. Cada momento com eles é especial. Portanto, é importante estar envolvido em suas vidas não apenas fisicamente, mas também emocionalmente. Amor, atenção e passeios em família tornam-se lembranças duradouras e fortalecem o relacionamento entre pais e filhos. Viajar, passear, rir e compartilhar experiências são formas de fortalecer os laços familiares. Essas experiências são mais importantes do que qualquer ganho material.

Não deixe que a pressa e as responsabilidades do trabalho roubem de você um tempo precioso com sua família. Uma família que vive uma vida espiritual não apenas em palavras, mas em ações, é uma família que herda o amor e a generosidade.

Na jornada da vida, a família nos acompanha nos momentos de alegria e dor. É um lugar seguro, uma fonte de força e um motivo para continuar lutando por um mundo melhor. No final, a melhor coisa que podemos alcançar é a união, o amor e o apoio. Isso é realmente especial. Para transformamos o mundo em um lugar melhor, precisamos começar com nossos filhos, são eles que vão ser os protagonistas dessa jornada futura.

> "A medida da grandeza de um homem não é o que ele tem, mas o que ele dá aos outros"

Criar os filhos é a maior responsabilidade que podemos ter na vida. Eles não apenas os ajudam a ter sucesso em seu trabalho, mas também a desenvolver o desejo de serem pessoas boas, atenciosas, gentis e éticas.

Ensinar os nossos filhos a ajudar os outros, a ser gentis e a preocupar-se com o bem-estar da comunidade é um presente valioso que durará a vida toda.

O poder do exemplo

Nossos filhos aprendem mais observando o que fazemos do que ouvindo o que dizemos. Se quisermos que sejam generosos e ajudem os outros, devemos ser verdadeiros exemplos destas qualidades.

Mostre como pequenos pensamentos cotidianos podem impactar a vida das pessoas ao seu redor. Seja respeitoso e atencioso com os outros, mostre compaixão em situações difíceis e, se possível, envolva os seus filhos em atividades que beneficiem a comunidade.

Ensinando a empatia

Empatia é a capacidade de se colocar no lugar de alguém e compreender seus sentimentos e necessidades. Essa habilidade é muito importante no desenvolvimento de adultos capazes de estabelecer bons relacionamentos com as pessoas ao seu redor.

A melhor maneira de ganhar simpatia é falar honestamente sobre seus sentimentos. Pergunte aos seus filhos como eles se sentiriam em diferentes situações e ajude-os a imaginar o que aconteceu com outras pessoas. Além disso, mostre a eles a realidade.

Por exemplo, participar de programas comunitários e visitar lares de idosos ou abrigos de animais pode ensinar as crianças sobre as necessidades dos outros. Isso não apenas ajuda a desenvolver empatia, mas também a valorizar o que você tem.

Pequenas gestos, grandes ações

As crianças muitas vezes pensam que ajudar os outros exige grandes tarefas, mas é importante ensiná-las que mesmo os pequenos gestos podem ajudar. Ensine a seus filhos que um sorriso, uma palavra de incentivo ou ajudar um colega a concluir uma tarefa é um grande gesto.

Incentive-os a pensar nas necessidades ao seu redor, como segurar a porta para alguém, ajudar vizinhos idosos ou doar brinquedos e roupas que não são mais usados para crianças carentes. Mostre que cada pequena ação tem um efeito positivo e que juntos construirão uma sociedade forte e solidária.

A importância do voluntariado

Envolver as crianças em atividades voluntárias desde cedo pode fazer uma grande diferença nas suas perspectivas. Explique-lhes a importância de dedicar tempo e energia a coisas que ajudarão outras pessoas. Isso os ajuda a perceber que o mundo é maior do que aquilo que lhes interessa e que sempre há uma oportunidade de contribuir.

Incentive-os a escolher uma carreira pela qual sejam apaixonados. Se você ama animais, por que não visitar um abrigo de animais? Se preferem algo mais voltado ao meio ambiente, pode participar na limpeza do parque ou da praia.

Mais importante ainda, eles não veem o voluntariado como uma obrigação, mas como uma maneira gratificante de fazer parte de algo maior.

Gratidão: a chave para a humildade

A gratidão é um sentimento que devemos desenvolver em nossos filhos para que eles entendam o valor do que têm e percebam as oportunidades que têm na vida.

Por meio da gratidão, compreendem que têm a oportunidade de partilhar as suas bênçãos com o próximo.

Crie o hábito da gratidão com sua família. Diga a seus filhos para pensarem sobre as coisas pelas quais são gratos todos os dias. Este pode ser durante o almoço em família, quando todos compartilham as coisas boas que aconteceram durante o dia. Isto não só aumenta a sua consciência das coisas boas da vida, mas também reforça a ideia de que podem retribuir as bênçãos ajudando o próximo.

Promovendo a inclusão e o respeito às diferenças

Ensinar os nossos filhos a respeitar e aceitar as diferenças é muito importante.

As crianças que crescem respeitando todas as pessoas, independentemente da raça, religião, etnia ou classe social, estão mais preparadas para se tornarem adultos tolerantes e compassivos.

Incentive a discussão sobre diferentes culturas, religiões e tradições e ensine-os a ver o mundo com os olhos da inclusão.

"Educai as crianças, para que não seja necessário punir os adultos."

Pitágoras

CONCLUSÃO: O QUE É SER VERDADEIRAMENTE BEM-SUCEDIDO

A definição de sucesso

Sucesso não é uma fórmula mágica, mas antes uma jornada única e pessoal. Podemos estar cercados de riquezas e mesmo assim sentirmo-nos completamente vazios, como um edifício suntuoso com suas fundações fracas. Por outro lado, encontramos indivíduos que, mesmo sem posses, irradiam felicidade e plenitude, porque aprenderam a valorizar o amor, a empatia, as relações humanas e a família. O sucesso verdadeiro se reflete na harmonia que cultivamos com nossos próprios valores e a forma como nos conectamos com os outros.

A cultura moderna muitas vezes distorce essa visão ao nos empurrar a acreditar que devemos sacrificar nosso tempo e nossos relacionamentos em nome do lucro. Entretanto, ao olharmos mais de perto, percebemos que as relações familiares e de amizade são os verdadeiros tesouros que compõem a tapeçaria da vida. Quando refletimos sobre nosso percurso, devemos nos perguntar:

Quais legados estamos criando? Como vamos moldar as vidas da próxima geração? Ao filosofarmos sobre isso, compreendemos que o sucesso se trata de sermos verdadeiramente nós mesmos, buscando a autenticidade, o crescimento e o amor em todas as suas formas.

É imensamente importante fazer essa interseção de valores, em que contemplamos as nossas conquistas — não só para nós, mas como um reflexo na vida daqueles que nos cercam. O sucesso deve se entrelaçar com o amor: o amor por nós mesmos, pelo próximo e pela missão que decidimos abraçar. Quando nossa vida é guiada por esses princípios, conseguimos não só atingir metas profissionais, mas também deixar um legado positivo e transformador.

Além disso, socializar e refletir sobre como nossos relacionamentos influenciam nossa percepção de sucesso nos coloca novamente no centro da questão. Em um mundo que pode ser tão competitivo e superficial, devemos buscar tecer laços verdadeiros que nos apoiem emocionalmente e contribuam imensamente para nosso crescimento pessoal e coletivo. Reflita: você tem cercado sua vida de amizades que refletem seus valores e objetivos? Ou se permite ser influenciado por vozes que apenas minam seu potencial?

Ao considerarmos o impacto que provocamos nas vidas de outras pessoas é fundamental reconhecer que o verdadeiro sucesso vai muito além do que conquistamos individualmente. É sobre como vivemos. O que queremos que os que amamos aprendam conosco? A resposta a essa pergunta molda o caminho que trilhamos, revelando que fomos feitos para amar e sermos amados.

Com essa reflexão, o convite se estende a uma jornada de autoconhecimento e transformação. Faça desse momento uma oportunidade de reavaliar suas metas e objetivos, alinhar seus desejos com seus princípios e abrir espaço para que a verdadeira felicidade se estabeleça em sua vida, nutrindo-se do equilíbrio entre o ter e o essencial ser. Que possamos seguir adiante com a certeza de que a marca da nossa passagem neste mundo é a capacidade de amar, compartilhar e fortalecer uns aos outros nessa linda jornada que chamamos de vida.

Refletir sobre nossas relações interpessoais se torna fundamental quando pensamos na verdadeira essência do sucesso. O que conseguimos criar ao redor de nós, as conexões que fazemos e a boa vontade que nutrimos impactam diretamente a qualidade da nossa existência. Devemos reconhecer que os laços que estabelecemos com familiares, amigos e colegas têm um valor inestimável. Ao avaliarmos o nosso caminhar, a pergunta que ecoa é: estamos priorizando essas relações ou deixamos que a busca pelos bens materiais nos afaste dos que realmente importam?

Essa reflexão nos leva a pensar: quão frequentemente priorizamos momentos simples em detrimento das exibições sociais? Precisamos lembrar que é no risco compartilhado, na vulnerabilidade exposta e na empatia que as verdadeiras bondades humanas estão aninhadas.

Nos dias de hoje, quando a instantaneidade e as interações superficiais estão em alta, torna-se de suma importância que cultivemos nossas relações. Como temos alimentado nossos vínculos? Estamos, nós mesmos, sendo amigos verdadeiros? Quando pensamos na herança que deixaremos para nossos filhos, é essencial focar em valores que transmitam o peso do amor, da compaixão e da solidariedade e não bens materiais.

A natureza humana é interligada, e quando lembramos disso, abrimos as portas para um exercício constante de reflexão e intenção em nossas vidas. O que queremos construir ao nosso redor? Queremos que nossos filhos venham a conhecer um mundo em que o sucesso é sinônimo somente de conquistas materiais ou que as verdadeiras amizades e laços familiares predominem? Quando promovemos uma cultura de amor e cuidado, estamos construindo a base para um futuro bem-sucedido.

O verdadeiro triunfo é medido em sorrisos compartilhados, em mãos estendidas em ajuda e na força de laços construídos. Cada gesto de carinho, cada palavra amiga, cada ato de cuidado reforçam a ideia de que exceder o ego em compartilhamento e amor nos conduz à verdadeira prosperidade.

Ao olharmos para além do superficial, começamos a enxergar que os momentos mais marcantes da vida são aqueles que compartilhamos com aqueles que amamos, e que as experiências vividas juntos são as que nos trazem verdadeira satisfação.

Por isso, a partir deste momento, nosso convite é claro: vamos agir! Vamos redefinir e reimaginar nosso entendimento de sucesso. De que forma podemos integrar esses valores em nossas vidas diárias? Como podemos contribuir para que o amor, a empatia e o respeito prevaleçam nas nossas interações? O passo que damos hoje, em direção a um legado significativo, é o que realmente fará a diferença.

Siga em frente e lembre-se sempre: o verdadeiro sucesso é aquele que toca a alma, que cria conexões e que pode ser refletido na alegria dos outros. Ao espalhar amor e compartilhar conhecimento, você se torna não apenas uma referência, mas também um agente transformador na vida de muitas pessoas. Aproveite a jornada e viva verdadeiramente em essência.

Imagine, por um instante, que ao olhar para trás, você só vê sorrisos — aqueles sorrisos que brotaram por conta das suas ações, da sua disposição em ajudar. Histórias de transformação que você inspirou, vidas que você tocou. Isso, de fato, é o que poderá trazer contentamento ao final da sua jornada.

Ao chegarmos ao final desta jornada, desejo que cada página lida tenha ressoado em seus corações tanto quanto habitaram em minha mente e alma durante a escrita. *A espiritualidade e o sucesso* é mais do que um título; é um convite a refletir sobre os verdadeiros valores que permeiam nossas vidas. Em um mundo repleto de distrações e a busca incessante por bens materiais, proponho que juntos exploremos o que realmente significa ser bem-sucedido.

Siga sempre buscando seu propósito e alinhando sua jornada com seus valores mais profundos. Que você possa extrair sabedoria das experiências cotidianas e aproveitar ao máximo a beleza das relações humanas. O caminho pode não ser fácil, mas é nele que encontraremos nossa verdadeira essência e felicidade.

Lembre-se, seus sonhos materiais também fazem parte do seu sucesso, é preciso apenas saber manter o equilíbrio e traçar os seus objetivos, com dedicação, foco e paciência, e deixe o universo fazer o resto.